# ADVERTISSE-MENT SVR LE POVRPARLE', QV'ON DIT de Paix, entre le Roy & ses rebelles.

## Auec son Contrepoison.

A fin que chacun sache qu'il n'a esté rien ad-iousté, ne osté de l'original, il a esté premie-rement imprimé à Paris par Ian Dallier en ceste presente annee, 1568.

M. D. LXVIII.

# ADVERTISSEMENT
## SVR LE POVRPARLE, QV'ON
### dit de Paix, entre le Roy
### & ses rebelles.

1 COMME le crime de rebellion & felonnie soit par toute dispositió de droiĉt
diuin & humain, d'autant plus capital & dete-
stable, que la reuerence, respeĉt & obeissance,
que nous deuons à noz souuerains, est grandement recommandee de Dieu : Ceux qui ont
de tout temps entrepris de troubler, alterer
ou vsurper l'Estat de leurs superieurs & magi-
strats (qui est ce, que nous appellons proprement rebellion) pour ne point-estre marquez
d'vn mot si odieux, se sont estudiez de couurir, desguiser & pallier leurs sinistres conspirations de quelque pretexte plausible &
specieux, lequel ordinairement ils ont tiré &
accommodé à l'inclinatió des hommes, qu'ils
recognoissoient estre pour lors passionnez, &
desireux de changement. Cecy se peut voir
clairemét par le discours des histoires tant anciennes que modernes, & i'en rapporterois
icy quelques exemples, si vn certain personna-
ge, des plus rares & singuliers de nostre sie-

cle, ne m'euſt preuenu en ceſt endroit, aiãt re-
preſenté par le menu, depuis les Romains iuſques à noz François, les fards, artifices & deſ-
guiſemens, dont tels innouateurs ſe ſont ſer-
uis, pour donner quelque couleur & apparence à ce qu'ils deſſeignoient. Tellement que ce
n'eſt choſe nouuelle, ny ſeulement pratiquee
de noſtre aage, que telle maniere de gés, pour
paruenir à leur but ( qui n'eſt autre en fin de
compte, qu'vne deſbordee ambition, & inſa-
tiable cupidité de dominer) facent monſtre de
tant de beaux titres, comme du bien public, de
la liberté du peuple, de la iuſtice, de la religió,
& d'autres ſemblables, ſelon qu'ils preuoyent
l'Eſtat tendre & eſtre diſpoſé à quelque reuolution: ſoit pour l'occaſion du gouuernement
politique, ou bien que les hommes commen-
cent à entrer en meſpris de la pieté, & des có-
ſtitutions Eccleſiaſtiques.

2　De faiĉt, tous ceux qui ont remué ce grand
Empire Romain, & allumé le brandon des ſe-
ditions ciuiles, pour plus facilement ſeduire &
attirer le peuple à leur party, ne preſchoient
que de le deſcharger des ſubſides & oppreſ-
ſions, dont il eſtoit greué par ſes gouuerneurs,
& le mettre en vne pleine & entiere liberté:
faiſans demonſtration de bouche, d'eſtre tant
amateurs de ſon repos & de ſon bien, qu'ils ne

pouuoient plus souffrir ny tolerer qu'il fust
traité si rudement.

3    Depuis nous lisons en noz Annales de Fráce , que tels pretextes ont esté resueillez , &
mis en auāt par les perturbateurs de ce Royau
me, encore qu'ils n'eussent autre dessein, sinon
de s'emparer de l'administration & gouuernement, ou du tout s'inuestir & approprier de
la Couronne.

4    Pour passer à l'histoire Ecclesiastique, il se
trouue que les heretiques se sont habillez des
plus riches & precieux vestemens , dont Dieu
a orné ses vrais & fideles seruiteurs , sçauoir
de se dire Euangelistes reformez , Apostoli-
ques : leurs monopoles & conuenticules, appeller Eglises & temples du Seigneur:leurs o-
pinions & fantasies, la pure & expresse parole
de Dieu , à eux singulierement declaree & in-
terpretee par le sainct Esprit.

5  Qui plus est, ne se contentans d'emprunter
tels noms , qui ne leur conuiennent ny appar-
tiennent aucunement , desployans d'auantage
toutes les fleurs & artifices de rhetorique, dōt
ils sont de longue main instruits & preparez,
ne faillent iamais, soit en escrits , ou en paroles, de preuenir leurs aduersaires d'vne forme
de preoccupation , qui est de leur imputer &
obiicer les crimes , desquels eux-mesmes , &

non autres, se ressentent attaints & coulpables : & en contrechange, desrober les excellens titres d'hôneur, que leursdits aduersaires ont acquis & meritez par leur grande loyauté & obeissance enuers leurs Princes.

6    Et toutefois ils s'en sauent si bien accommoder (estans cōmunemét tels perturbateurs, des plus accorts & artificieux en leurs paroles) que les plus sages ont bié peine de descouurir la marchandise, & d'en desgouster les simples & ignorans : auec ce que les enuies, simultez & passions esblouïssent & enforcellent de telle façon la plus part des plus grãs, que combien qu'ils cognoissent & voyent à l'œil ce qui en est, neantmoins par conniuence, ou autrement, ils sont contéts de donner cours & force à si meschantes & malheureuses entreprinses.

7    Par-ainsi, quand ces grans orages & tempestes s'esleuent contre vn Estat, il est malaisé de l'asseurer, & empescher le naufrage : d'autát mesmes que quelques vns de ceux qui sont au gouuernal, se laissent quelquefois transporter aux vents d'ambition, estans si lasches & faillis d'entendement, qu'ils estiment se pouuoir conseruer, ores que la nauire vint à perir & enfondrer.

8    Et s'il en y a de si bien naiz & genereux,

lesquels ne pouuans endurer aucune alteration eſtre faite de leur temps, au preiudice du bien public, ſe veulent oppoſer, il ne ſe peut croire de quelle rage & furieus ſont aſſaillis & attaquez. Car tout ainſi qu'en vn ſiege de ville, les ennemis braquent premierement l'artillerie contre les defenſes pour les rompre & ruiner, pource qu'eſtans icelles rompues, le ſoldat qui eſt dedans, demeure deſnué, & à la mercy du canon: ny plus ny moins noz innouateurs & remueurs de meſnage, deſſeignans de changer l'Eſtat de leurs Princes, pour puis apres s'en inueſtir, dreſſent toute leur batterie contre les plus loyaux & fideles ſeruiteurs & defenſeurs dudit Eſtat, faiſant cependant courir le bruit, que ce ſont querelles priuees, & qu'ils ne pretendent rien ailleurs.

9    Mais comme il ne ſe faut arreſter, & beaucoup moins fier aux paroles de ſon ennemy (lequel dreſſe le plus ſouuent ſon eſguille à vn port ſecret, feignant de faire voile autre part) le Prince bien aduiſé ne ſe trouue iamais enueloppé de telles ruſes : au contraire ſans s'amuſer à tant de belles proteſtations, declarations, ſubmiſſions, il penetre plus auant iuſques au vif: & deſcouurant que ſous le manteau d'vne querelle emprūtee à credit, ou de quelque autre pretexte fardé & coulouré, c'eſt à luy & à

son Eſtat que le pacquet s'addreſſe, il ſe met en
deuoir de leuer premierement le maſque, &
puis de pouruoir ſi dextrement à ſes affaires,
que la force luy demeure de ſon coſté.

10    Pour venir à noſtre téps, & à ce que nous
voyons en ce Royaume, ramenant de plus
loin les pratiques, ſtratagemes & artifices,
dont les rebelles ont vſé dés le commencemét
de leurs remuemens, il me ſemble qu'ils n'ont
rien oublié de tout ce que nous en liſons és
anciens monumens, qu'ils ne l'ayent bien &
proprement rapporté à leurs deſſeins. Car ſeló
qu'ils ont cognu la diſpoſition des affaires de
ceſte Couronne, l'humeur des téps & des perſonnes, ils ont ſceu ſi finemét & couuertemét
acheminer leur faction, que de prime face les
plus clair-voyans y ont eſté eſblouys.

11    Il me ſouuient, que pour lors ie reuenois
d'vn voyage de Poloigne, & à mon retour ie
me trouuay à Heidelberg auec quelques Gen-
tils-hommes de noſtre nation: leſquels me có-
muniquans de l'entrepriſe des premiers troubles, encore que ie deſcouurois en eux beaucoup d'aigreur & de paſſion, ſi eſt-ce que ie ne
me pouuois pas bien deſuelopper des raiſons
qu'ils m'alleguoient. Car ayant eſté abſent par
l'eſpace de quatre à cinq ans, ie ne leur pouuois bonnement reſpondre ſur l'Eſtat de la
France,

France, & beaucoup moins leur satisfaire sur
les occasions de mescontentement, desquelles
ils pretendoient leurs chefs auoir esté esmeus.
12   Et combien que ie ne fusse ignorant du
deuoir des suiets enuers leur Prince, contre lequel il ne leur estoit permis de s'esleuer : si est
ce que me remettât deuât les yeux, qu'ils pouuoient estre induits par quelque opinion de
Religion, ie les excusois aucunement, iugeant
de leurs desseins & volôtez, selon que i'en ap-
prenois d'eux.
13   Et ie ne fais point de doute, que plusieurs
ne se soient trouuez en mesme erreur, iusques
à tât que les rebelles ne se pouuâs plus conte-
nir en leur peau, se sont ouuertemét declarez
par leurs actions & deportemens, directemét
contraires à ce qu'au parauant ils prenoient
pour pretexte. Car lors qu'ils commencerent
premierement à fonder & planter leurs nou-
ueautez, ils ne chantoient rien plus que de rédre obeissance aux superieurs, d'aimer son pro-
chain comme soy-mesme, de ne luy mesfaire
ny mesdire en quelque façon que çe fust, de
plustost se precipiter en vn cruel supplice, que
tât soit peu troubler, & alterer le repos public :
bref, leurs bouches n'estoient pleines que de
paroles succrees & amiellees. Mais puis apres
qu'ils s'en voulurent faire croire par les armes,

B.j.

exerçans tous actes d'hoſtilité contre le Roy
& ſes ſuiets, ils demonſtrerent oculairement
(quelque parade qu'ils feiſſent du ſeruice de ſa
Maieſté, & du zele de la Religion) qu'ils ne
pretendoient rien moins que l'vn & l'autre.

14. Or comme ceſte ruſe & pratique eſt or-
dinaire à tous côſpirateurs de ſeduire les plus
groſſiers, en leur iettant ce faux voile deuant
les yeux, le moyé de les deſcouurir eſt fort facile, en rapportant la difformité & repugnan-
ce de leurs œuures, effects & actions.

15. Ioſephe ancien hiſtoriographe, deſcriuât
la rebellion & reuolte, que feirent les Iuifs
contre les Romains leurs ſeigneurs, ſous couleur de quelques rudeſſes & mauuais traite-
mens, qu'ils pretendoient auoir receus de leur
Gouuerneur nommé Florus, deduit bien par-
ticulierement les remonſtrances que le Roy
Agrippa leur feit, touchant le peu d'occaſion
& apparence qu'il y auoit en leurs entre-
prinſes.

16. Et là deſſus les Iuifs, pour toute reſponſe
& excuſe, proteſtans que c'eſtoit ſeulement
contre Florus, qu'ils portoient les armes, &
non contre les Romains, deſquels ils eſtoient
& vouloient eſtre & demeurer treſobeiſſans
ſeruiteurs & tributaires, Agrippa leur repli-
qua, que cela eſtoit fort aiſé à dire, mais que ce

pendant les œuures n'eſtoient point autres, ny
meilleures que des plus barbares & declarez
ennemis du peuple Romain. Car les villes
qu'ils ſaccageoiét, les threſors qu'ils pilloient,
les portiques & baſtimens qu'ils bruſloient,
les champs qu'ils degaſtoient, n'eſtoient pas
ny les villes, ny les threſors, ny les terres, ny
les maiſons de Florus, & que nul n'y eſtoit of-
fenſé ny intereſſé que les Romains, auſquels
le tout appartenoit.

17 Pareillement quand nos nouueaux Reli-
gieux ſe ſaiſiſſans des villes du Roy, & les vendans à beaux angelots comptans, demoliſſans
les ſainéts temples & ſepulchres, rançonnans
le poure peuple, reſpandans le ſang des inno-
cens, butinans & rauageans tout ce Royaume,
preſchoiét le ſeruice du Roy: on leur pouuoit
bien reſpondre en vn mot, que le Roy ſe paſ-
ſeroit bien de tels ſeruiteurs, & que les An-
glois, ou autres ennemis de ceſte Couronne
ne pourroient pas faire pis.

18 Et toutefois le Roy vſant de ſa bonté nay-
ue, & douceur accouſtumee, auoit mis en ou-
bly toutes leurs fautes, eſperant auſſi qu'eux
de leur part en viendroient à quelque reco-
gnoiſſance & amendement.

19 Les choſes ſe maintenoient aſſez paiſible-
ment, & ſuiuant la moderation & reiglement

des Edicts, iufques à ce que l'entreprinfe de Meaux fur la perfonne du Roy, de la Royne fa mere, & de Meffieurs fes freres, a fait euidemmét cognoiftre, & móftré ce qui eftoit encore en doute de la continuation de leurs deffeins: chofe fi móftrueufe, que cóbié qu'elle fuft denoncee & aueree par plufieurs aduertiffemés, ne pouuoit neantmoins entrer en l'efprit de quelques vns, voire de ceux qui font profeffió de fe bien entendre en telles denrees. De forte que leurs Maieftez fe trouuerent en vn péril d'autant plus prefent & eminent, que lon n'euft iamais eftimé, que des fuiets fe fuffent fi auát defuoyez & efloignez de leur deuoir & refpect enuers leur Prince.

20  Or nous touchons au doigt, ce que nos difcours ne pouuoient comprédre: ie dy de ceux qui en faifoient iugement felon les paroles, & non feló les œuures, & partant reputoiét tous aduis au contraire, cóme procedans de gens fufpects & exulcerez.

21  Or maintenant voyons nous que ces bonnes & fimples gens, qui ne penfoient qu'à viure doucement en leurs maifons, & par maniere de dire, planter des choux, font en campagne auec leurs troupes rámaffees & alliees de tous les endroits de ce Royaume: f'efforcét auec les armes de furprendre leurs Maieftez,

de les combattre sur les chemins de Meaux à
Paris, essayent d'entamer les Suisses, saisissent
les villes du Roy, assiegent sa personne dedãs
Paris, luy empeschent le cours des riuieres, &
bruslent les moulins à sa veuë pour l'affamer,
degastent le plat pays, mangent & pillent ses
poures suiets, auec infinis meurtres & rançõ-
nemens: taschent de luy leuer les principales
forteresses, rãpars & aduenuës de son Royaume, pour par là donner entree aux Estrangers:
desseignent de butiner & partager entre eux
la despouille d'vn ieune Roy : & pour conclu-
re en vn mot, font & commettent choses si
execrables, que les plus inueterez & coniurez
ennemis de la Couronne ne les voudroient a-
uoir songees, & beaucoup moins attenter &
entreprendre.

22    Or maintenant cognoissons nous, & ce
non seulement par tels effects, mais d'auantage par les escrits qu'ils en publient, que leur
but, qu'ils ont caché si longuement sous tel
quel pretexte de Religiõ, ne tendoit, & ne tẽd
encore, qu'à l'entiere subuersion & ruine de
cest Estat.

23    S'estãs dõc declarez à descouuert ce qu'ils
font, le Roy apres les auoir rappellez par plusieurs fois, & les cognoissant contumax, en-
durcis & obstinez en leur mauuais dessein, n'a

B.iij.

peu moins faire de son costé, que de faire aussi la declaration contre eux telle, que iustemét ils meritoient, & que par les loix est prescrite & ordonnee, qui est de les iuger & declarer desobeissans, factieux, rebelles & crimineux de lese Maiesté: au premier chef, leur interdire les viures, victuailles & autres commoditez, implorer l'aide de ses bons suiets pour leur courre sus, pour rompre & dissiper leurs assemblees, requerir le secours & la faueur des Princes & peuples estrangers, comme ayans interest pour l'exemple & cósequéce, que tels & si malheureux desseins soient reprimez, & les auteurs d'iceux punis & chastiez.

24 Parainsi nous sommes aux armes, nó point de nostre volóté, mais pour y auoir esté poussez & contraints, non point pour l'offensiue, mais pour la defensiue, qui est naturelle & legitime: & nous les auons prises en main par expres commandement de nostre Roy, pour luy maintenir & conseruer son sceptre, & quát & quant pour defendre & asseurer noz biens & noz vies, pour destourner & rabbattre les efforts de noz ennemis intestins & domestiques, qui sont auiourd'huy bandez, liguez, & coniurez à l'entiere ruine de nostre Prince, & de ses bons & fideles seruiteurs & suiets.

25 Mais Dieu soit loué, que iusques icy les

chofes font aucunemét en leur entier, la perfonne de leurs Maieftez en toute feureté, la
ville de Paris, & prefque toutes les autres en
fon obeiffance, fa Nobleffe du tout affection-
nee, fes voifins bié prefts & deliberez d'y em-
ployer tous leurs moyens.

26  Et certainement quand lon confidere le
cours de ces remuemens, & commé toutes
chofes font reüfcies, cela nous fait recognoi-
ftre & côfeffer, que Dieu eft le vray défenfeur
& protecteur des Princes, & vengeur des iniures qui leur font faites.

27  Premierement, le Roy a efté fur le poinct
de tomber és mains de fes ennemis: Dieu par
fa bôté & puiffance l'en a preferué. Puis ils l'ôt
tenu affiegé deux mois en vne ville populeu-
fe, & defpourueuë de viüres, & luy ont retran-
ché tous les moyens d'y en peuuoir faire arri-
uer: Dieu auec fa faincte benediction a multi-
plié ceux qui y eftoyent, & en a nourry & fu-
ftenté cinq à fix cens mille perfonnes.

28  Ils l'ont furprins, n'ayant amas de gens de
guerre, eux au côtraire affemblez & pourueus
d'armes & cheuaux de longue main : Dieu en
vn moment luy a fufcité vn nombre infini de
bons fuiets, tous bien preparez & refoluz de
n'efpargner la vie pour fon feruice. Ils ont efté
fi ofez & prefomptueux de luy liurer la batail-

le en pleine campagne, s'attendans de luy des-
faire ses forces. Dieu a empesché l'execution
de leurs conseils, & donné la vertu & le courage aux Seigneurs & Capitaines de son armee, de non seulement les soustenir, mais
outreplus de les reduire à vne fuite honteuse
& dommageable.

29 · Finablemēt Dieu s'est monstré tant fauo-
rable pour le seruice de sa Maiesté, & les commencemens en sont si grans, que (pourueu que
lon vueille marcher de bó pied) lon n'en peut
esperer que bonne issue.

30. Et tout ainsi qu'il ne se trouue point aux
histoires, que iamais rebelles ayent conceu &
machiné vne si malheureuse & execrable con-
spiration contre leur Prince : aussi Prince ne
fut iamais si promptement aidé de ses suiets,
ayant le Roy en ces extremitez de temps &
d'affaires, assemblé plus de forces de pied &
de cheual, que ses predecesseurs ne peurent
onc mettre ensemble en la plus grande pro-
sperité de leurs regnes.

31 · C'est sans parler du secours des Princes
voisins & estrangers, lesquels liberalement en
ont fait offre, portans tant de regret d'vne telle indignité, qu'ils en estiment & l'iniure & la
vengeáce leur en estre cómune auec le Roy.
Aussi est-ce vne cause qui touche & apparriēt
à tous

à tous ceux, lesquels Dieu a establiz en souue-
raine authorité pardessus le peuple, que toutes & quantes fois que l'obeissance est deniee
à l'vn d'eux, les autres accourét pour la luy re-
mettre entre les mains: & c'est pourquoy les
anciens disoient que le nom & sceptre Royal
estoit sainct & inuiolable.

32   Estant la guerre ouuerte entre le Roy &
ses rebelles, & les forces venuës de toutes
parts, ie vous laisse à penser les discours que
lon fait & pardeça & ailleurs touchant les e-
uenemens.

33   Quelques vns ayans veu que le Roy capti-
uant sa grâdeur, s'estoit desmis iusques à là, que
d'enuoyer vers eux des principaux Conseillers
& ministres de son Estat, pour tascher de les
retirer, offrant de les embrasser & recueillir, si
dedans certain temps ils auoient recours à sa
misericorde, estimoiét que bien tost les choses
passeroient auec moyen d'accord & appointe-
ment.

34   Il en y a plusieurs de contraire opinion,
d'autant que le Roy ne se peut asseurer des rebelles, & qu'il a esté trompé & abusé si souuent de leurs protestations, qu'il n'a occasion
de s'y fier. Tellement que quand ils oyent parler de paix, ils fuyent & abhorrent ce mot cóme la peste, non point qu'ils ne desirassent de

C.j.

voir bié toſt eux & le peuple en repos, & vne
bône paix & tráquillité eſtablie en ce Royaume. Mais ils alleguent, qu'on n'a point accou-
ſtumé d'vſurper ce mot de paix, ſinon quand
il eſt queſtion de compoſer & terminer les
differens qui ſont entre Princes voiſins & e-
gaux, & qu'il ne ſe doit approprier aux ſuiets
reuoltez & rebellez contre leur Prince.

35    Et à la verité, ſi le Iuriſconſulte ne les appelle point ennemis, mais ſimplement ſeditieux & rebelles, pource que ennemis ſont
proprement ceux, leſquels ſe guerroyent pour
extenſion de limites, ou bien pour quelques
torts faits à eux, ou à leur peuple : ils ne doiuent auſſi eſtre honorez de ce beau mot de
paix, ſinon qu'ils ſe ſoumettent à la miſericor-
de de leurs Princes. Quand Antonius ſ'eſtant
eſleué contre ſa patrie, fut iugé & condamné
par le Senat pour rebelle, & perturbateur du
repos public, quelques pacificateurs furent
d'aduis de le reconcilier, & de luy enuoyer
des Ambaſſadeurs pour l'induire à quelque
voye d'accord. Ciceron trouuoit ceſte façon
fort eſtrange, & du tout aliene de la dignité du
Senat, preuoyant bié que ce traité ne pouuoit
eſtre que treshonteux & perilleux à l'aduenir.

36    Il eſt bien vray que la bonté & clemence
eſt touſiours grandement recommandable

aux Princes, mesmes à ceux qui sont en bas
aage : & partant c'est chose louable, que le
Roy, auant que venir au remede des armes, a
essayé par tous moyens de flechir & addoucir
la contumace & pertinacité de ses rebelles. Si
faut il aussi d'autre part considerer, que les
Roys ne maintiennent leur Estat, que par Iustice, & que ce n'est sans grande raison que la
licence & impunité est surnommee la mere &
nourrice des malfaiteurs.

37   Ceux-là mesmes qui descôseillent la paix,
disent en outre, que la rebellion est le vray
chancre d'vn Estat, lequel ne se peut guerir ny
oster par douceur, ains plustost prend de là sa
nourriture, vigueur, & accroissement. Et que
ainsi soit, ils n'ont faute d'exemples tirez à ce
propos, verifians euidemment par les succez
des seditions ciuiles de Rome, que la souffrá-
ce, tolerance & conniuence, a esté la seule cause de la perte & desolatió de ceste Republique
iadis tant florissante. Et au contraire, venans à
discourir des rebellions, qui ont trauaillé la
Fráce sous le Roy sainct Loys, & autres ses suc
cesseurs, ils trouuent qu'il n'y a iamais eu autre
moyen de les retrancher & desraciner, que
par le glaiue, alleguans par forme de similitu-
de, que le bon chirurgien ayant à traiter vn
patiér nauré à mort, n'a accoustumé d'y espar-

gner ny le cautere, ny le rasoir. Et comme les
doctes font tousiours comparaison du corps
humain auec celuy d'vn Estat, soit Republique ou Principauté, on ne peut iuger autre-
mét, sinõ que és grans troubles & esmotiõs la
douceur est trespernicieuse, & partant reputee
en cest endroit à vne pusillanime lascheté, &
defaillance de cœur.

38    Encores passent-ils outre, en se fondans
plus auant sur le poinct d'honneur, & disent
que si vn Gentilhomme reçoit vn dementy,
voire d'vn sien cõpagnon, il luy coustera plustost la vie, qu'il ne la luy face desauouër. Or n'y
a il point de proportion d'vn homme de ceste
qualité à vn Roy, & encore moins d'vne parole cõtumelieuse à tant d'affrõs, frayeurs, torts,
dõmmages, & iniures, que sa Maiesté a re-
ceuës de ses rebelles. Et là dessus Dieu sçait s'ils
oublient de ramenteuoir & deduire par le menu les exces & cruautez des premiers troubles, la vendition du Haure de grace, les ca-
pitulations faites auec la Royne d'Angleterre,
les signatures surprinses à Chaalons par Monsieur de Bussy d'Amboise, les inhumanitez
plus que barbares, perpetrees cõtre les viuans
& les morts en tous les coins de ce Royaume:
& nouuellemét les attentats contre leurs Maiestez, les proiets faits de surprendre & occu-

per les plus fortes & importantes places du
Roy, les partages de sa Couronne, la fantasti-
que conception d'vn Royaume d'Aristocratie,
les alliances estrangeres accordees sous ceste
esperance, la leuee des Estrangers, l'engage-
mét & promesse des trois villes, pour fournir
à leur soulde & payement. De façon que cerchans paix & accord auec ceux qui ont ainsi
traité le Roy & son peuple, ce seroit autát que
si on les vouloit conuier à poursuiure, ou bien
plustost paracheuer leurs entreprinses : & par
maniere de parler, il vaudroit autant leur crier
mercy de ce qu'ils ont esté empeschez desia
par deux fois d'exterminer le Roy & sa maison, & de faire changer de main à son sceptre.
39  Or ià à Dieu ne plaise, que tant de bons
suiets, Princes, Seigneurs, Prelats, Gétilshom-
mes, Capitaines, Soldats, Citadins & autres,
qui sont restez en l'obeissance du Roy, endu-
rent que de leur temps sa Maiesté, à laquelle
ils ont promis & iuré, garder ceste Couronne,
qui luy est laissee & acquise de droict de suc-
cessió & heredité. Plustost employerós-nous
& les biés & la vie, iusques à la derniere gout-
te de nostre sang, que ce blasme & reproche
nous soit dóné, par lequel nous nous rédrions
indignes & degradables du titre de Noblesse.
40  C'est vne querelle, en laquelle les bons

fuiets doiuent faire paroiftre leur fincere affection, obferuance & loyauté enuers le Roy,
& pour laquelle les loix leur permettent, &
la neceffité leur commande expreffement, de
fe tenir vnis & vnanimes pour la tuitió & de-
fenfe de leurs Maieftez, de la patrie, & du repos public. Car outre ce,qu'en lafchant la bri-
de à cefte confpiration des rebelles, nous laif-
fons en danger leurs Maieftez, & mettons en
euident peril toutes noz fortunes: Ie vous laif-
fe à penfer quelle reputatió nous nous acque-
rons à l'endroit des Princes eftrangers.

41 Pour conclufion, ce traité qu'on dit de
paix, ne peut rapporter autre fruict au Roy,
finon vn grand mefpris & contemnement de
fon authorité, vn certain danger de fa perfonne, vne perpetuelle doute & crainte de nouuelles entreprifes côtre fes villes & fon Eftat,
& aux rebelles accroiffement d'impudence,
confirmation de leurs mauuaifes intentions,
refpit & loifir de fe rafrefchir & fortifier, de
dreffer & bié affeurer leurs pratiques, & d'ex-
cogiter d'autres moyens, pour infalliblement
paruenir au but où ils afpirent. Car c'eft bien
fimplicité de penfer,& encore plus de croire,
que puis qu'ils fe font embarquez en ce gouf-
fre de rebellion, pour entreprendre la con-
quefte de ce Royaume, ils en puiffent iamais

perdre le gouſt ny l'eſperance, ſinon entant
que les moyens leur en ſeront reſequez.

42    Partant, ores que la paix fuſt auiourd'huy
receuable & neceſſaire, quel moyen auez vous
de l'eſtablir, fonder & aſſeurer tellement, que
ce ne ſoit vne paix fourrée & inſidieuſe, &
qu'elle ne vienne bien toſt à engendrer & en-
fanter vne troiſieme guerre, trois fois pire, &
plus dangereuſe que les deux premieres? Car ſi
vous vous fiez à la foy qu'ils vous donneront,
penſez comme ils en ont vſé par cy deuant, &
rememorez quâtes & quantes fois leurs chefs
ont fait & reïteré tant de belles promeſſes &
ſermens au Roy & à la Royne, de ne recom-
mencer iamais les troubles, pour quelque occaſion, & ſous quelque pretexte que ce fuſt.
Paraduenture attendez vous, qu'apres vn accord ils ſe retirent en leurs maiſons, laiſſent &
poſent les armes, auec intention de ne les re-
prendre, que ce ne ſoit par expres commandement & ordonnance du Roy.

43    Pluſieurs Edicts en ont eſté faits par ſa
Maieſté, & auec l'aduis & conſeil des principaux de ceſte conſpiration, leſquels particulie-
ment ſy ſont ſoumis & obligez, aſſeurans le
Roy d'y obeir, à peine d'encourir ſon indigna-
tion, & d'eſtre cenſez & reputez ennemis &
perturbateurs du repos public. Toutefois les

contrauentions si frequentes & ordinaires,
qu'ils ont faites par le passé, font craindre &
presumer qu'ils presteront encore moins d'o-
beissance à l'aduenir.

44   Si le Roy se desarme, licentiant les forces
de sa Noblesse, renuoyát les Suisses, & faisant
mettre bas les armes à ceux des villes, lesquels
indubitablement y obeïront : ses rebelles,
quelque mine qu'ils facent de se renger à ceste
mesme egalité, auront sous main vn commandement de leurs chefs de cacher leurs meilleures armes és caues & greniers de leurs maisons, d'exhiber tant seulement quelques pic-
ques seiches, & quelques harqueboufes en-
rouillees : ils couleront le temps iusques à ce
qu'ils voyent vne belle occasion, feront nouuelle prouision d'armes & de cheuaux, cueil-
lette de deniers pour vne retenue de Reistres.
Cependant les synodes se feront en chacune
prouince, leurs Seigneurs & Capitaines s'af-
sembleront sous couleur de solennizer vn Ba-
presme ou Mariage. Là les deliberations d'vn
nouueau remuement se resoudront, là le iour
& le lieu du Rendez-vous, se concluront. Voila leurs Maiestez en des nouuelles peurs, en
doute & de leurs personnes, & du Royaume.
Eux deputeront à la Cour quelque Brique-
mault, Boucart ou Telligny, pour leur donner
des

des paroles friuoles, & leur recommáder la fidelité de tant de bons reformez, qui ne pensent qu'à leur couper la gorge, & luy arracher
le sceptre des mains. Et ne faut point douter,
que toutes & quantes fois qu'ils voudront ti-
rer des dons & pésions, & obtenir des estats,
offices, & benefices pour ceux de leur ligue &
faction, ils ne continuent de faire ces alarmes
à la Royne, iusques à ce qn'estans bien munis
& preparez, ils se sentent auoir beau ieu, pour
luy liurer eschec & mat.

45   Quelle peine sera-ce au Roy de receuoir
ces frayeurs à toutes heures, & de vinre en ceste anxieté, qu'il ne puisse seurement se mettre
aux champs, qu'il n'enuoye descouurir dix
lieuës à la ronde, sil n'y a point quelques troupes de cheuaux, qui espient de le surprendre?
Pourquoy donc ces bons suiets n'exposeront
ils leurs vies pour luy asseurer la siéne, & pour
le deliurer de ceste indigne & seruile suietion
vne fois pour toutes?

46   Ce sont icy les considerations, qui meu-
uent plusieurs graues personnages d'abhorrer
& detester la paix, qu'on dit auec les rebelles,
non seulemét pource que l'inegalité des con-
trahans la rendroit honteuse & desauátageuse
à l'vne des parties, mais aussi qu'elle ne pourroit subsister aucunement.

D.j.

47   D’autre-part, pour fatisfaire à ceux qui
font defireux d’vne pacification , remonftrans
que les fuccez & euenemens de la guerre font
incertains , ils font premierement grand eftat
de la iuftice du Roy, & de l’equité de fa querelle : d’autant que la plus certaine efperance
& opinion que nous pouuons comprendre &
conceuoir d’vne heureufe iffue de guerre , eft
appuyee fur ce fondement,que nous ayons le
bon droict de noftre cofté. Car lors pouuons
nous auec bonne raifon, & en faine côfcience
implorer l’aide de noftre Dieu,lequel nous re-
cognoiffons, felon qu’il eft appellé és faintes
Efcritures,le Dieu des batailles, & aucteur des
victoires . Lors pouuons nous auffi propofer
aux foldats,que comme Dieu eft la mefme verité,la mefme iuftice, & la mefme raifon : c’eft
celuy, qui leur donnera les forces & l’affeurâ-
ce pour combattre & debeller leurs ennemis.
Et en ceft endroit vn Capitaine eftant verfé és
hiftoires Françoifes & eftrangeres, triomphe-
ra de deduire & prouuer par exemples , que
toutes & quantes fois que le rebelle s’eft pre-
fenté en champ de bataille contre fon Prince ou Magiftrat,il y a efté desfait & defconfy.
48   Pour preuue & refmoignage de ce,il cite-
ra en premier lieu la rebellion qui fut faite en
Efpagne contre l’Empereur Charles cinquie-

me au commencement de son regne, dont le
succez fut si heureux pour sa Maiesté, que tous
les seditieux furent rompus en bataille, &
prins pour la pluspart. Pour plus grande confirmation de son dire, il môstrera que la Royne Marie d'Angleterre, à l'aduenement de sa
Couronne, trouuant son païs mutiné & reuol-
té par les menees du plus grand nombre des
Seigneurs d'iceluy, en moins de deux mois se
rendit la maistresse par tout. Et pour damer la
vertu des Princesses Heroïques, il n'oubliera
de raméteuoir l'Estat de Flandres, tel que nous
l'auons veu depuis deux ans, & tel que nous le
voyons auiourd'huy.

49    Mais quel besoin luy sera-il de recercher
si curieusement les exemples foraïns, puis qu'il
s'en offre des domestiques? Durant les premiers troubles de ce Royaume, y a-il eu iamais
bataille ou rencontre, dont le Roy & ses Lieu-
tenans n'ayent emporté l'honneur & l'auantage? Lon se peut souuenir de la route de Duras,
& de l'admirable succez de la bataille de
Dreux: & encore plus est fresche la memoire
de la desfaite de Pôcenas, & de la victoire que
Dieu a donnee au Roy auprés de S. Dénis.

50    En somme, quand les soldats entendront
qu'en Espagne, en Suisse, en Allemagne, en
Angleterre, en Flandres, & en Fráce, les rebel-

les venans aux mains auec leurs Princes ou
Magiſtrats, ſen ſont touſiours treſ-mal trouuez, & que Dieu a ordinairement accompa-
gné la bonne cauſe des Souuerains, d'vne triõ-
phante & glorieuſe victoire, cela leur enflera
& hauſſera le cœur, tout ainſi que les rebelles
de l'autre part eſtonnez de tant d'exemples, &
gehennez interieurement d'vn remors de cõ-
ſcience, perdront & les forces & le courage de
reſiſter.

51   C'eſt ſans toucher aux commoditez que
ſa Maieſté peut auoir outre & par deſſus leſ-
dits rebelles, qui neantmoins ſeruét & aident
beaucoup à la victoire, comme d'auoir les villes & plat païs à ſa deuotion, les viures en a-
bondance, la quantité d'artillerie & des muni-
tions, le plus grand nombre de combatans &
de pied & de cheual, & le moyen de les entretenir, la faueur & aſſiſtance des Princes ſes
voiſins & alliez, les prieres du poure peuple:
de maniere qu'ores que Dieu ne ſe meſleroit
que de garder les gages, il en faudroit eſperer
l'iſſue ſelon les forces.

52   Brief, il y a ſi peu d'egalité entre le Roy
& ſes rebelles, tant pour le regard de la cauſe,
que des moyés & auantages de la guerre, que
meſmes les pacificateurs ne font point de
doute, que ſa Maieſté ne ſe face bié recognoi-

ftre & obeïr par eux. Mais ils ont quelque regret, que le Roy defploye fes forces contre
ceux qui luy font nez fuiets, & par la perte def-
quels il f'affoiblit d'autant d'hommes, qui par-
auenture luy pourroient cy apres faire quelque bon feruice en la neceffité de fes affaires.
Cecy a bien quelque apparence, & certainement il n'y a celuy bon fuiet & feruiteur de fa
Maiefté, qui ne porte le mefme regret, & qui
ne defiraft pluftoft de voir tous fes fuiets vnis
en fon obeiffance, que la diftraction & ruine
d'vne partie d'iceux.

53    Mais il eft quelquefois plus que befoin &
expedient de couper vn membre pourry &
mal affecté, pour fauuer & garentir le refte du
corps qui eft fain & entier. Autrement fi les
Roys vouloiét eftre fi pitoyables enuers ceux
qui les offenfent, & qui ont changé le nom &
naturel de fuiets & feruiteurs, en celuy de rebelles & ennemis, en vain les loix feroient in-
ftituees pour la correction des delinquans. Ce
feroit mal fait de punir les larrons, les voleurs,
les facrileges, les adulteres, les homicides, &
autres femblables efpeces de malfaiteurs,
pource que c'eft perdre autant de fuiets.

54    Or tant f'en faut qu'vn Roy reçoiue quelque dómage par l'extirpation de telles gés, qui
ne font propres qu'à troubler fon Eftat, & le

D.iij.

repos de son peuple, qu'au contraire il ne peut
sans cela conseruer ny maintenir sa Courône.
C'est tout ainsi que d'vn sang corrompu, & de
vne superfluité & redondance de mauuaises
humeurs, dont la retention est tresperilleuse,
& la purgation tressalutaire & profitable à la
santé de l'homme.

¶ Aduoüons donc & confessons apres les
sages, que la Iustice est le principal fondemét,
sur lequel est asseuree l'authorité des Roys:
que c'est celle qui les fait regner, qui leur donne credit & pouuoir enuers leurs suiets, qui
les fait craindre & redouter de leurs ennemis,
& que c'est la vraye deuise de nostre Roy, cô-
iointement auec la Pieté: Tellement que s'ap-
puyant sur ces deux colonnes, & administrant
bonne iustice, & se seruât à propos du secours
de ses bons suiets & seruiteurs, le Dieu eter-
nel, iuge & remunerateur des sainctes œuures
& droictes intentions, luy fera grace d'auoir
la raison de ses rebelles & ennemis, qui est le
seul moyen d'establir son Estat, & d'acquerir
vne perpetuelle paix & repos en son Royaume.

**FIN.**

# CONTREPOISON
## A L'ADVERTISSEMENT
### PRECEDENT.

ENTRE les choses requises à celuy qui veut persuader, & donner auctorité à son conseil, il n'y en a point, qui luy soit tant necessaire, que auoir auparauant fait cognoistre par ses actions, qu'il est homme de bien, fidele à celuy qui escoute sa remonstrance, & prudét pour sauoir luy proposer la plus seure voye, & le party qu'il doit tenir en son affaire: si au cótraire il est cognu, qu'il est meu de passion tédant à aucune sienne commodité, il est incontinent reietté auec ses persuasions. Laquelle affection quand nous aurons fait euidemment cognoistre en cestui-cy, qui se mesle de donner cest aduertissement sur le pourparlé de la paix, nous estimons qu'il n'aura gueres de poids ne auctorité en ses remonstrances. Pour à quoy paruenir, nous ferós auparauant quelque peu de discours, fondé sur coniectures & argumens, pour sauoir l'aucteur de tel conseil, qui crie si haut, à fin d'empescher le traité de ceste paix tant desiree, non seulemét des bós, mais encore de ceux qui ne sont ne bons ne mauuais, ains desirent seulement conseruer eux, les leurs & leurs biens, pour en iouyr paisiblement. Si nous considerons la nature des personnes, leurs actions és necessitez, esquelles ils se sont reduits, qui doutera que ce ne soit celuy, qui a fait ouuerte profession d'estre ennemy de paix & du repos public? qui par troubles & guerres a tasché tousiours d'esleuer luy & toute sa maison? qui par voyes incognues auparauant, est paruenu aux plus grans biens Ecclesiastiques, voire en plus grád nombre, que iamais à beaucoup pres aucune personne ne peut amasser en ce Royaume, trainant apres luy vn tas de moines & prestres, qui luy sont tributaires, gardiens d'Eueschez, Abbaies & Prieurez? Par ces moyens il & les siens ont fait tels amas de richesses, & se sont rendus si puissans, que par le grand nombre de leurs partisans & sectateurs, ils ont esté formidables aux Roys: Tellement qu'il n'a esté possible de les ranger sous les loix de ce Royaume, par eux audacieusement violees & forcees en toute impunité iusques à present. Partant il ne se faut esbahir, s'il desire la continuation de ces troubles & miseres publiques. Car il a tellement conduit ses affaires, qu'il luy semble ne se pouuoir sauuer, & eschapper tant d'ennemis qu'il a, s'il n'a tousiours vne armee conduite sous le nom du Roy, au deuant de soy.

foy, pour couurir & defendre fa malheureufe
& deteftable vie. Voila la neceffité qui le contraint de prefcher cefte belle Croifade, pour
allonger fes derniers iours, en crainte de fa
perfonne, & horreur du iugement de Dieu,
dont il fent les efguillons & poinctures en fa
maudite confcience. En quoy il eft bien certain, que la plus part de ceux de la religion Romaine le defaduouë, côme celuy feul qui leur
ofte le repos, & iouiffance paifible de leurs
biens, & qui eft la principale caufe de tous
leurs maux & miferes, degaft & ruines de leurs
maifons & terres. Car ils cognoiffent veritablement, fi luy & fon frere fe fuffent repofez,
quand ils commencerent les premiers troubles, qu'vn chacun fe fuft repofé : & fe fuft lon
contemé de la iouiffance de l'Edict de Ianuier,
par lequel les noftres auoient quelque liberté
de leurs confciences, & tolerable exercice de
la Religion, ne demandans autre chofe, finon
que lon les laiffaft ainfi viure, fans qu'ils vou-
fiffent contraindre les autres : dont il ne feft
iamais contenté, tant a eu de force fa tyranni-
que & deprauee cupidité enuers les fimples &
ignorans, fous couleur de les vouloir confer-
uer en leur Religion, c'eft à dire en leurs biens.
Dont toutefois la plufpart ne font à fe repen-
tir, bien cognoiffans, que fil continue encore
E.j.

quelque peu leur defense, ils n'auront plus rien
à defendre, ains periront entieremét auec luy
& ses adherans. Voila comment il est amateur
du repos public : contre lequel il ne cesse encore tout ouuertemét de crier, & d'empescher
la côclusion de ceste paix. qui fait assez croire,
qu'il est aucteur, ou pour le moins instructeur
de ce notable Aduertissement.

Quant au premier article d'iceluy, nous cô-
fessons auec luy, que le crime de rebellion est
tresdetestable : mais nous ne sommes d'accord
qui est le rebelle, ou luy, ou nous. Que ce soit
luy, il appert assez par ses actions, qu'il est cri-
minel de lese Maiesté en tous ses chefs, quand
bien il n'y auroit autre chose, que l'vsurpation
indeuë, que luy & les siens feirent de la personne du feu Roy dernier mort, & du gouuernement entier de ce Royaume, estant le
Roy en bas aage de quinze ans, ou enuiron,
eux estrangers, sans aucune conuocation des
Estats, en ayant exclus le feu Roy de Nauarre
par subtils moyens, ayans ce temps durant assemblé toutes les forces du Roy à Orleans,
pour forcer les volôtez & suffrages des Estats,
& ayant emprisonné les Princes du sang, pour
les faire mourir honteusement, & procedé à
ceste fin alencontre d'eux : qui sont toutes a-
ctions contraires aux anciens establissemens

de ce Royaume. Puis ayant esté fait l'Edict de
Ianuier, auec grande assemblee de gens notables pour la pacification des mouuemens en-
commencez, son frere & luy s'y opposerent
par voye de faict, commencerent par le mas-
sacre de Vassy: Puis incontinét par armes des-
couuertes se saisirent de Paris, ville capitale de
ce Royaume, & de la personne du Roy, contre
sa volonté & de la Royne sa mere, comme ils
declarerent lors ouuertement par paroles &
faits tesmoignez par larmes & regrets. Deme-
nans icelle guerre, quelles cruautez ne feirent
ils en vertu du Triumuirat? Ils forcerent villes,
entre les autres Poictiers & Rouen, esquelles
ils ne laisserent rien d'inhumanité & de cruau-
té, qui ne fust par eux commise, iusques au for-
cement des femmes & filles, meurtres & sac-
cagemens.

Ils se sont tousiours ingerez d'entrer au
Conseil du Roy, contre l'expresse intention &
requisition des Estats, & tousiours depuis fait
mille menees, pour troubler la paix ensuiuie
par le moyé de l'Edict de pacification, iusques
à esmouuoir les troubles presens, en y appellant, sollicitant, & criant apres les Estrangers
pour y venir. Ce que n'ayans peu faire par grã-
des forces, au moins ils ont tant fait, que leurs
Ambassadeurs sont les principaux & plus au-
E.ij.

ctorifez du Confeil du Roy, iufques à faire re-
uoquer ce que le Roy auoit ia figné pour la
pacification, traitée par Monfieur le Cardinal
de Chaftillon & Môfieur de Moruillier. D'a-
uantage, n'a-il pas efté defcouuert par furprifes des lettres du Roy d'Efpagne, & du Gouuerneur de fa frontiere, qu'ils ont voulu mettre les Efpagnols dans la ville de Bayonne,
fous couleur que la Royne de Nauarre, qu'il
appelle la femme de Vendofme, n'y entraft? A
qui peut-lon attribuer telles menees, finon à
celuy qui eft couftumier de ce faire, & qui pre-
rend fe maintenir par l'introductiô des Eftrâ-
gers en ce Royaume? Comment appellerons
nous l'hommage qu'il feit à l'Empereur de
fon Archeuefché de Mets, par lequel nom-
meemét ledit Seigneur Empereur le préd en
fa protection & fauuegarde, promettant de le
defendre enuers tous Princes, & contre tous?
S'il veut dire que le Roy luy a permis ce faire,
ou bien a eu agreable ce qu'il en auoit fait, où
eft la loy, droict ou couftume, qui ne le con-
damne, en alleguât le confentement d'vn Roy
de bas aage, en chofe de telle conféquéce, fans
l'auctorité de fon Confeil legitime : & qui pis
eft, luy fe portant pour l'vn de fes principaux
Confeillers, auec fes creatures introduites côtre toute raifon au Côfeil dudit Seigneur Roy?

Que dirons nous de luy, si par tels deportemens & autres semblables, il a mis toute peine de se fortifier & nicher au païs Messin, suiuant la commodité que luy donnoient deux
prouinces de ce Royaume, Bourgongne &
Champagne, estans gouuernees par les siens:
la proximité de Lorraine, de sa Pairie & Ar-
cheuesché de Reims, pour redresser son Royaume d'Austrasie, & renouueller les anciennes
querelles & accumulations, dont noz histoires font mention? Mais Dieu mercy, il est si bié
aduenu, qu'il n'a aucune qualité ne condition,
ne luy ne les siens, qui puissent faire esperer
telle Courōne, estant diffamé entre les autres
de deux taches & vices, qui se combattent &
destruisent l'vn l'autre, c'est assauoir ambition
& auarice, desquelles l'vne aspire tousiours à
choses grandes, hautes & magnifiques, & l'autre tient l'homme bas courbé & lié cōtre terre, & proprement attaché à toute petitesse.
L'ambition pour executer ses entreprises, a
besoin de grande suite d'hommes de viue execution, y employant & respandant le sien &
l'autruy. L'auarice retiét le sien à toutes mains,
& arrache l'autruy, tant qu'elle peut. Qui est
vn argument certain, combien qu'il pése estre
homme de grand sens, discours & prudence,
qu'il est grandement trompé, voulant accor-

pler en luy deux chofes impoſſibles, procedás de cauſes côtraires, côme auſſi elles produiſent effets tous côtraires l'vn à l'autre. Et pour confirmation que ſa mauuaiſtié ſurmonte ſa fineſſe, comme il eſt aiſé de feindre profeſſion de Religion à celuy qui n'en a aucune, ſ'il euſt fait quelque ſemblant de fauoriſer ceux de noſtre Religion, il eſt vray-ſemblable, qu'il nous euſt aiſeement deceuz & pipez, & euſt tellement ſurpris & endormy vne grande partie des plus puiſſans & Nobles, qu'il fuſt venu à chef de ſon ambition, voire par leurs moyens & ſupports. Mais Dieu no² a preſeruez de ce dáger, côme il a fait de pluſieurs autres, & n'a permis que noz ennemis fuſſent tellemét maſquez en leurs mauuaiſtiez, qu'elles ne fuſſent aiſees à côuaincre & déſcouurir. Vray eſt qu'il a voulu aucunement radouber ceſte faute depuis les derniers troubles, à l'endroit de quelque grád Seigneur de ce Royaume, luy voulant perſuader, combien qu'il l'euſt mené à deux doigts de la mort, qu'il n'y auoit iamais penſé, & qu'il ſe vouloit reconcilier auec luy, pour luy eſtre treshumble ſeruiteur & fidele parent, duquel il ne blaſmoit la Religion. A quoy Dieu y a ſceu ſi bien pouruoir, qu'il n'y a rié gaigné que honte & confuſion. Ie laiſſe ce beau Concile de Trente, par lequel il a voulu concilier le

Roy au traitement, duquel il ne s'est moins entaché de crime de lese Maiesté, que és autres affaires, y faisant apposer decrets diffamatoires contre le Roy & sa Maiesté.

Ce sont tous manifestes crimes de lese Maiesté par eux commis, outre les querelles que luy & son frere dressoient au feu Roy, de tout son Royaume, comme estans de la race de Charlemaigne: dont ils ont mis en queste toutes sortes de gens, pour en descouurir quelque chose par les histoires : outre les querelles du Duché d'Aniou & Comté de Prouence, pour lesquelles esclarcir ils voulurent entreprendre le voyage d'Italie, & entamer la Couronne de Naples & Sicile. Lequel voyage a tant cousté à ce Royaume, qu'il n'est possible le sauoir estimer: ayant esté reduit & contraint par leurs fautes, à quitter toutes les conquestes d'Italie, Piemont, Sauoye, Corse, & païs bas. De toutes lesquelles conspirations, ils n'ont point cerché aucun desguisement par le moyen du bien public, ou autre, par ce qu'ils ne pouuoiét y donner couleur aucune autre, que de tresennemie volonté contre le Roy & ses suiets. Dót est apparét en eux ce qu'ils nous obiicét faussement, vne desbordee ambition, & insatiable cupidité de dominer, assez conuaincuz par leurs actions, mesmes traitees & descrites par

les escrits ia faits de ceste matiere, mesmemét
par le liure des marchãs de Paris, fait apres les
premiers troubles, sur sa belle entree d'icelle
ville contre Monsieur le Mareschal de Mont-
morency. Estant nostre Roy en son bas aage
ainsi mené, seduit, sollicité & armé d'Estrangers, par gens sans aucune vocation ne pouuoir legitime, qui peut nier que ses suiets ne
ayent deu prendre les armes, pour dechasser
icelles gens d'alentour de luy? & ce faisant,
empescher la ruine prochaine de luy & de son
Royaume, & luy faire entendre, comme il est
vray, qu'il n'a point de plus pernicieux ennemis, que ceux qui sont pres de luy : lesquels a-
busans de sa ieunesse & simplicité, le remplis-
sent de tresdangereuses opinions, contraires à
sa grandeur & son deuoir, au repos des siens,
& seureté de son Estat? S'il y a quelque saincte
sedition, comme il a tousiours maintenu, qui
est elle autre que celle là, qui se fait pour le bié
de son Roy & païs? Partant telles entreprises
ne sont aucunement à blasmer, puis que iadis
elles ont produit plusieurs bons effects, comme reformations d'Estats, & establissemens
de bonnes loix, conseruatoires d'iceux. Ce qui
appert assez entre les autres, par les histoires
Romaines. Y a il chose plus pernicieuse à vn
Estat, que quand vn Prince prend conseil de
ses

ſes ennemis à l’encontre de ſes ſuiets, auec leſquels ou luy ou ſes predeceſſeurs ont touſiours reſiſté auſdits ennemis, voire iuſques à leur donner la loy, & le Roy qu’il leur a pleu eſtablir ſur eux? Comme feit le Roy Charles le quint, par le moyen de Meſſire Bertrand du Gueſelin ſon Conneſtable : qui feit la guerre tellemét en Eſpagne, qu’elle fut par luy domtee, & contrainte de receuoir le Roy, qui par eux auoit eſté dechaſſé. Les guerres recentes, qui ont trauaillé & conſumé quaſi tous les hommes de noſtre memoire, nous doiuent aſſez inſtruire, quelle aſſeurance lon doit mettre ſur l’alliance du Roy d’Eſpagne, qui eſt aſſez meu par la neceſſité de ſes affaires, de ſuſciter & entretenir troubles en ce Royaume, pour eſſayer d’accommoder ſon païs bas, qui eſt par trop loin de luy, & lequel il voudroit, comme il eſt vray-ſemblable, continuer, en oſtant l’empeſchement d’entre-deux, que le Royaume de France luy donne : qu’il luy ſemble ne pouuoir mieux faire, que tenant la Fráce deſunie en troubles & guerres : eſtimant que les mouuemens de la guerre luy ouurirót quelque porte pour y entrer, ou bien que les forces de ce païs ſ’affoiblirót tellement, combatans les vns contre les autres, qu’il aura bon marché du demeurant, & que la belle Inquiſi-

F.j.

tion & le Concile de Trète seront receus entre
nous, pour ceux qui eschapperont leur cruau-
té, faire tous deuenir moines ou prestres, ou
bien tenans noz vies & biens en hommage de
eux, & noz consciences forcees & gehen-
nees par leurs violences. Par ce que la cause
des moines & prestres est de si mauuais goust,
que sans y mettre quelque artifice de saulse, il
ne seroit possible de la digerer:il tasche d'y có-
prendre la reuolution de l'Estat politique, &
des constitutions Ecclesiastiques. Quant au
dernier poinct du mespris de la pieté, qui depend du fond de la Religion, chose assez trai-
tee par plusieurs escrits, ie ne veux maintenát
y entrer plus auant : mais vn bien peu au propos de la reuolutió de l'Estat politique. Quelle impudence est celle là, de nous vouloir re-
procher aucun desir de remuement en l'Estat
politique, duquel les prestres sont dés long
temps les entrepreneurs & bastisseurs : lesquels ne pouuans par force faire conquestes,
ont prins & suiuy les voyes des regnards, in-
troduisant sous quelque couuerture de Religion, leurs loix parmy toutes les nations &
Estats de la Chrestienté? Ils commencerent iadis l'establissement de leur Eglise,qu'ils appel-
lent Catholique,par le reiglemét de leur Cler-
gé:encore fut-ce par l'expresse permission de

l'Empereur Romain, qui lors commandoit au
monde: lequel meu de quelque apparence de
saincteté, fausse ou vraye, voulut bien en cest
endroit favoriser ce commencement, pour
sous son auctorité faire que ses suiets embras-
sassent la Religion. Et de faict, entre ses côsti-
tutions Imperiales il a bien donné confirmation & auctorité aux premiers Decrets de l'E-
glise. Mais peu à peu les Papes plus fins que
les Empereurs suivans, voyans le môde ia sou-
mis à leur devotion, ont osé passer plus outre,
iusques à faire loix & decretales, qu'ils ont cô-
mandé estre leuës publiquement és Vniuersi-
tez: dont la ieunesse instruite, abbruuee &
nourrie en telle superstition, a delaissé l'ancié-
ne Iurisprudence, côme inuentions des Payés.
Quand les ieunes ainsi instruits sont paruenus
en leur rang au gouuernement des villes, ad-
ministrations d'offices publiques, aux côn-
seils des Princes & Roys, ils ont tousiours mis
en auant & credit telles loix decretales, côme
establies par le vicaire de Dieu. Et parce aussi
qu'ils ne sauoiet rié de meilleur, & que chacun
veut faire valoir la marchandise, en laquelle il
a esté nourry, ils ont maintenu, que tous ordres politiques controuersés & differens, se
deuoient pollicer & iuger selon telles constitutions, comme s'ils procedoient du sainct Es-

F.ij.

prit:voire iufques à receuoir cefte voix, que les loix ciuiles ne defdaignoient point de fuiure celles du Pape, furnommez faincts Decrets. Par ainfi eft aduenu, que la chambriere a fupplanté fa maiftreffe, quand l'auctorité des Papes, fondee fur la permiffion des Princes, a voulu au côtraire, & de faict a prins audace de reprouuer ou approuuer (qu'ils appellét canonifer) les loix ciuiles. A l'encontre defquelles raifons les Seigneurs de ce temps-là n'ayás fuffifante inftruction de confeil, à caufe de l'enfeueliffemét des lettres, & fciences politiques, ne fachans que dire, fe laiffoient aifeemét perfuader, iufques à foy foumettre à toutes les volontez du Pape: farcir & bigarrer leurs Parlemens de moines & preftres: permettre que en tous iugemens, où le droict canon eftoit contraire au droict commun & ciuil, l'on fuiuift toufiours le droict canon: aduouër les prouifions papales des biens temporels de leurs Royaumes. Et non contens de ce, ils ont fouftrait les fuiets naturels des Princes, de l'obeiffance & iurifdiction de leurfdits Seigneurs, en leur faifant coupper vn peu de poil du fommet de la tefte, & graiffant le front, ils les ont vendiquez & attirez à eux & à leurs Officiaux: & en abufant de la facilité & fimplicité des hommes, entre les autres artifices, ils ont fait for-

tir de leur forge vne impreſſion d'opinion, cõ-
firmee par loix & decretales; que les preſtres
& moines pourroient acquerir toutes ſortes
de terres, Royaumes, Duchez, Comtez, Barõ-
nies, Chaſtellenies, & autres heritages, qui
toutefois ne ſeroient iamais alienables, tout
ainſi que le dommaine des Roys. De ſorte
que ſi le mõde n'euſt eſté reſueillé par la main
de Dieu, quiconque euſt voulu auoir quelque
bien, il euſt eſté contraint de ſe faire preſtre
ou moine. Car où ſe fuſſent trouuez les biens
de ce monde, ſinon en leurs naſſes, & entre les
mains de ceux qui peuuent tout happer, & qui
ne laiſſent rien eſchapper? Quoy voyans la
plus part des hommes, qui ont touſiours en
admiration les plus riches, & ceux qui di-
ſtribuent les richeſſes, ſe ſont retirez volontiers vers eux, pour eſperance d'y profiter, faiſans la principale obeiſſance & ſubmiſſion de
leurs perſonnes à Monſieur le Pape & à ſes E-
ueſques: & partant ſe deſrobans de l'entiere
ſuietion qu'ils doiuent aux Roys & Princes
leurs naturels Seigneurs. Ce qui a apporté a-
uecques le temps vn tel remuement, & ſi vniuerſellement en toute la Chreſtienté, que ſi les
choſes euſſent encore quelque peu continué,
les Princes meſmes fuſſent demeurez ſans terre ne ſuiets: & s'ils en euſſent voulu auoir, leur
F.iij.

euſt eſté force de Roys & Princes, deuenir
moines & preſtres, comme iadis ils ont eſté
reduits en pluſieurs prouinces & nations, en y
receuant les interdictions & fulminatiõs hor-
ribles de ſa Saincteté, ſubſtractions de ſuiets,
en les quittant & deliurant du ſerment de fidelité deuë à leurs Princes ſouuerains, en receuant les ſainctes Inquiſitions, eſpouuanta-
bles voire aux plus grans Princes de la Chreſtienté. Quelle felonnie, quelle rebellion, ou
crime de leſe Maieſté peut eſtre plus expres,
que d'aliener les ſuiets de leur Prince, ſeduire
& ſouſtraire ſon peuple, & bigarrer tellement
en vn païs vn Eſtat, qui deuſt eſtre vny ſous
l'obeiſſance de ſon Seigneur ? que l'vne partie
des ſuiets, tant en leurs biens que perſonnes,
recognoiſſent vn ſuperieur Eſtranger, & l'autre partie ſoit ſeulement reſeruee au Seigneur
& Prince naturel, voire encore auec licence de
l'abandonner, & ſe conſacrer à l'autre, quand
bon luy ſemble, comme ſi vn corps politique
peuſt auoir deux teſtes? Que peut lon dire d'vn
tel Eſtat, à qui bien conſidere la verité de ceſt
affaire, ſinon que c'eſt vn monſtre nouueau,
non iamais veu ne entendu par le paſſé, & que
ceux qui anciennement ont diſcouru ſur les
ſortes des Republiques, & autres gouuerne-
mens politiques, n'ont aucunement compris?

Et pour feconder à leurs affections, ils n'ont
pas tort, s'ils blafment toutes fortes de fciéces,
en haïffant ceux qui font profeffion des lettres: s'ils ont entretenu le monde longuement
en ignorance: s'ils font enragez, que le fauoir
ait defcouuert leurs ordes & falles puantifes,
& regnardifes . Car veritablement toutes telles chofes leur font côtraires. Mais nous fom-
mes affeurez que Dieu en a efté & fera cognu & loué . Et comme la caufe des troubles,
procedans de leur part, eft deteftable, auffi la
fin & iffue d'iceux, par les moyens que Dieu a
mis és mains de ceux qui refiftét aux preftres,
produira effets heureux, par lefquels Dieu fera adoré, le Roy obey, & le peuple mis en repos. Duquel repos public celuy qui ofe par fes
articles empefcher le propos, de quel autre
nom fera-il digne, finô d'eftre nommé le plus
malheureux homme du monde,& coniuré ennemy de Dieu? Cela feruira pour refponfe au
premier article, & autres, iufques au 13.
   Sur lequel & fubfequens , ie dy à qui aura
bien entendu le difcours precedent, que nous
n'auons changé ny de volonté, ny de noz premiers propos, contenans que nous voulions
rédre obeiffance à noz fuperieurs: par lefquels
nous n'auons iamais entendu autres que noz
Roys, & les Magiftrats legitimement par eux

establiz.Si le Pape & ses prestres se mettent au
nombre de noz superieurs, c'est le principal
poinct du proces qui est entre eux & nous, duquel nous n'entendons les faire iuges. Quant à
nous precipiter plustost en vn cruel supplice,
que tât soit peu troubler le repos public, nous
entédons assez ce qu'ils veulent dire, assauoir,
que nous deuons endurer toutes leurs cruautez, comme lon a fait l'espace de quarante ou
cinquante ans, plustost que de troubler leurs
aises, auctoritez & preeminences, qu'ils ap-
pellent le repos public, si repos peut estre,
quand les esprits sont mal instruits, & les consciences forcees . S'ils estoient quelques personnes neutres, qui par remonstrances & ser-
mons nous voulissent reduire à quelque reco-
ciliation auec noz ennemis, ils auroient apparence de nous exhorter à la patience Chre-
stienne. Mais il est mal seat à eux, de faire telles remonstrances, de porter patiemment toutes afflictions, puis qu'ils sont ceux qui nous
ont tousiours affligé & tourmété. Il seroit aussi lasche à nous de les croire, comme il est im-
pudent à eux de nous en requerir & prescher.
Et puis ils se viennét couurir du nom du Roy,
contre lequel nous pouuons estre estimez rebelles, s'ils sont ce qu'ils pretendent, c'est assauoir noz Rois & superieurs, ou bien concur-
rens

rens auec iceux en fouueraineté, ou pluftoft fouuerains des fouuerains : comme par leurs Decretales  ils ofent bien appeller leur regne, ... grád luminaire du Soleil, & celuy des Princes , qu’ils difent feculiers & temporels, le moindre luminaire de la Lune : voulans dire, que tout ainfi que la Lune prend fa lumiere du Soleil,auffi les Princes feculiers tiennent leur dignité de la Papauté. Voila cóme le móde eft allé à reculós, par la códuite & vfurpation des Papes,qui f’eft eftendue fi auant, qu’ils n’ont fait difficulté de tenter &  d’entreprendre la diftribution des places du ciel & des enfers, comme eftans vicaires de Dieu, en blafphe-mant execrablement contre fa Maiefté, & luy attribuant fautes,que les hommes medio-crement aduifez ne commettroient en leurs affaires: c’eft affauoir,de fouffrir ou choifir vi-caires & procureurs les plus contraires à leurs volontez, & les moins dignes d’auoir telles adminiftrations,introduits en tel lieu par tou-tes voyes de corruption & violence,par hom-mes femblables à eux, corrompuz en toutes fortes, & lefquels apres leurs introductions, font tout le mauuais mefnage en l’Eglife de Dieu,que nous fauons par trop, vendans tou-tes les parties,charges & offices d’icelle, à au-tres petits marchandeaux , faifans de mefmes:

G .j.

& qui eſt le comble de tout deſordre, baillans leur charge d'Eueſques, Curez, & autres, és mains de ſemblables mercenaires, à belles & groſſes fermes de deniers contens. Voila cóment ils ſe chargent de noz ames, en les baillant à ferme, comme vn troupeau de moutós, ſe chargeans pour toutes charges de bailler quittance au bout de l'an, nous tenans veritablement au lieu de beſtes, comme n'ayás pour les paiſtre & engraiſſer, ſans en oſer ſonner mot. Mais Dieu ſoit loué, qui a fait parler telles beſtes, iuſques à ce que les rochers & mótagnes en reſonnent, & luy demandent raiſon & vengeance de telles gens leurs ennemis.

Quant aux deſordres & cruautez enſuiuies par les troubles precedens & preſens, qu'ils nous reprochent, ie leur diray vn ſeul mot, cognu & manifeſte à tout le monde, ſans allegation d'aucune particularité de faiƈt, que lon puiſſe nier. Celuy qui eſt cauſe & commencement de la guerre, n'eſt-il pas raiſonnable, qu'il porte la coulpe & l'enuie de tous les malheurs cauſez par icelle? Celuy qui commença le maſſacre de Vaſſy, de ſon auƈtorité violente, & pure priuee, pour empeſcher le cours & obſeruance de l'Ediƈt de Ianuier : qui ſe ſaiſit de la ville capitale, de la perſonne du Roy pupille, maugré luy : qui ſempara de toutes ſes forces, tant de ce Royaume que de dehors, en y appellant Suiſſes, Eſpagnols & Italiens: qui chaſſa tous ceux de la Religion hors des lieux de leurs habitations & païs, meſmement de la ville de Paris, apres en auoir fait mourir pluſieurs: qui ſous couleur de paix taſchoit à ſurprendre & attirer en ſes embuſches les Seigneurs à luy contraires: qui maintenoit à part, & entre les ſiés, qu'il ne leur falloit garder la foy, comme eſtans rebelles & heretiques: qui força Poictiers & Rouan, y commettant toute hoſtilité: N'eſt-il pas la vraye cauſe des maux, que les autres neceſſitez & contrains à ſe defendre par armes, ont commis, eſtans forcez par la mauuaiſtié de la guerre: qui pour retarder & brider la fureur de l'énemy, preſente remedes extraordinaires & violens à ceux, qui autrement n'en voudroiét vſer? Quand bien il n'y auroit autre argument, pour conuaincre l'aucteur & la cauſe de toutes ces miſerables guerres, ne ſ'eſt-il pas aſſez fait paroiſtre par ſa ſeule mort, ayant fait incontinent mourir la guerre precedente auecques luy? Ceſte mort ſi à propos, n'a-elle fait cognoiſtre deux choſes manifeſtement, dont pluſieurs eſtoient en doute, par les calomnies de noz ennemis, toutes ſemblables à celles dót ils nous battent à preſent: c'eſt aſſauoir, que

G.ij.

c’eſtoit luy ſeul, contre lequel on ſeſtoit armé?
& quant au Roy noſtre ſouuerain Seigneur,
nous eſtions ſi loin d’aucun meſcontentement
ou entrepriſe contre ſa perſonne ou Eſtat, que
il fut incõtinent receu par toutes ſes villes, recognu en toute affection & humilité, auec cõ-
gratulation & graces rendues à Dieu, qui par
ce ſeul moyen & heureuſe mort l’auoit auecques nous deliuré de captiuité, & preſerué des
dangers extremes de ce commun ennemy?
Qui peut douter, ſi le frere euſt ſuiuy le frere,
que ces ſeconds troubles, ſemblables aux premiers, ne fuſſent nullement ſuiuis ? Mais la
main de Dieu le trouuera, quand & où bon
luy ſemblera. Tant y a, que fuyuant les proteſtations par cy deuant faites deuant Dieu &
ſes Anges, nous affermons & proteſtons encore à preſent, que nous ſouhaitons à noſtre
Prince toute felicité, & augmentatiõ de dignité, paix & tranquillité à luy & à ſes ſuiets: qui
ne peut eſtre tandis qu’il ſera entre les mains
de ceux qui le maniét & conſeillent : Deſquels
ſil ne peut encore faire iugement ſils luy ſont
fideles ou deſloyaux, au moins peut il cognoiſtre, que quãt à aucuns, il les a trouuez alétour
de luy dés ſon enfance, ſans y eſtre par luy ne
aſſemblee des Eſtats appellez, mais expreſſe-
ment par iceux exclus, & qui ne ſont ne de

maison, ne de suffisance aucune, mais la pluspart introduits par faueurs desordonnees, ou bien par vsurpations toutes manifestes, comme sont les Ambassadeurs d'Espagne & du Pape. Qui est chose par trop odieuse, & intolerable à tous les ordres & Estats de ceste natió Françoise, qui desire sur toutes choses de secoüer ce ioug d'Estrangers, & lequel elle ne pourra iamais endurer, sans vne extreme ruine, laquelle les François aiment trop mieux encourir, que ceste ignominieuse tache & infamie. Ce sont ceux là, & non autres, à qui no⁹ pretendons auoir à faire, à qui nous en voulons, qui nous appellét rebelles & heretiques, qui taschent de mettre entre nostre Roy & nous vne desfiáce accompagnee de desespoir, pour essayer à rompre ceste ancienne liaison de iustice & equité Royale, auec l'obeissance du peuple, en laquelle ce Royaume a esté premierement fondé, augmenté & conserué, non par les intelligences & communications de tels Estrangers. Ce sont ceux là qui nous rendent impossibles les approches de la personne de nostre Roy, pour luy presenter noz treshumbles requestes. Ce sont eux qui nous font prendre les armes maugré nous, pour y paruenir auec quelque seureté. Mais la mesme bóté & prouidence diuine, qui a miraculeusement

G.iij.

tiré le Roy & nous des miseres precedentes,
nous tirera encore hors de ces presentes, à la
confusion de ces esprits turbulents, ennemis
de paix & repos. Ceste infinie prouidence ne
permettra que ceste maniere de gens puisse
surprendre & peruertir la simple ieunesse de
nostre Roy, ains luy ouurira les yeux de l'entendement, pour cognoistre qu'il n'a nuls ennemis plus grans, que ceux qui sont pres de
luy, & qui le delaissassent plustost en aduersité,
ou pour vray dire, qui luy courussent plustost
sus, pour faire leur profit de son infelicité.
Desquelles choses les exemples ne sont que
trop frequens par les histoires.

Quant au 19. 20. 21. 22. articles & autres,
qui parlét de l'entreprise de Meaux sur la personne du Roy, les escrits faits par cy deuant y
ont amplement respondu, & monstré que les
Seigneurs de nostre party infalliblement &
tresasseureement aduertiz de la coniuration
recéte, bastie contre leurs testes, & consequé-
ment contre tous ceux de la Religion refor-
mee, & tellement bastie, que les forces Estrá-
geres des Suisses estoient ia dans le cœur du
Royaume, fauorisees de celles du Roy d'Espagne, estans és païs de Flandres, & prochaines
de nous pour faire leur effort en ce Royaume,
sans empeschement de mer, montagne ou ri-

uiere: Pareillement informez à l'œil, que le peuple Papiste de Paris estoit armé, les monstres des gensdarmes en armes, assignees des compagnies toutes Papistes:Lesdits Seigneurs ne pouuoient moins faire, que de pouruoir à leur seureté, pour auoir accez à la personne de nostre Roy, & luy supplier treshumblement leur faire raison & iustice de leurs ennemis: & si autrement ils eussent fait, outre le dáger de leurs personnes ineuitable,ils en eussent rapporté vne diffamation eternelle d'imprudence inexcusable, auec l'oppression certaine de tous ceux de la Religion. Et le meilleur qui y soit, c'est que ce faict nous est obiecté pour crime, par ceux mesmes qui auoient forgé ceste coniuration aussi saincte, comme leurs sainctes Inquisitions & seditions. Aussi leur chef & capitaine,est la vraye Idee de saincteté, & se nomme sa Saincteté : qui toutefois ne se sent pas, ne ceux de sa ligue & suite trop saincts ne munis, de voir ces bonnes & simples gens, qui pensent bien à autre chose qu'à planter des choux, qui sont en campagne auec leurs troupes, ramassees & alliees de tous les endroits de ce Royaume : qui ne veulent plus attendre que lon leur vienne couper la gorge en leurs maisons sous le nom de telles faussetez, mais vont au deuant vigoureusement:

sefforcent auec les armes de surprendre & cõbatre leurs Sainctetez: font venir Reiftres cõtre Suiffes, Efpagnols & Italiens: s'accommodent des villes, réuerfent citadelles, font marcher artillerie: ils ont leur droict canon comme le Pape, & leurs docteurs en cefte faculté bien expers, qui en difputent pertinemment: affiegent dans Paris ceux qui affiegent le Roy: bref, ils font tout le contraire de ce que leurs ennemis attendoient, & ne veulent plus croire en paroles de tels ouuriers, & ne fe fient en leurs propofitions de paix : defirent ofter le voile d'erreur & de deception, que fa Sainctté tafche mettre au deuant des yeux de noftre Roy : ne veulent permettre que les Eftrangers commandent en ce Royaume: empefchent le butinement de ce païs, que lefdits tels deffeignent & diftribuent entre eux. En quoy les Huguenots ont grandiffime tort, ce difent les foldats de fadite Saincteté. Sur quoy nous en croirons toutes perfonnes equitables, tant en ce Royaume que és nations Eftrangeres, tant de ceft aage que de toute la pofterité.

23    Sur le 23. article nous difons que noz ennemis monftrent ce que nous auons cy deffus touché, qu'ils ne font fi fins, ny nous fi credules, qu'ils ont eftimé. Penfoient-ils, puis que Dieu nous a donné des armes, que nous nous

vou-

vousisisions laisser combatre par leurs parche-
mins, intitulez du nom du Roy? dont ils ayans
le Roy en leur puissance, peuuent finer aiseement, conceuz en diuers styles, maintenant
doux & gracieux, auec belles promesses, maintenant aigres & rigoureux auec menaces, en
criant alarme de tous costez, pour esleuer la
terre habitable alencontre de nous. Dont les
premiers ne nous pourrót abuser, tandis qu'il
nous souuiédra de leurs cruautez & trahisons:
& les autres ne nous espouuanteront, tandis
qu'il plaira à Dieu cótinuer ses graces, en nous
fortifiant, comme il a fait iusques à present.
Ce neantmoins il est facile à iuger, que ceste
seconde façon de lettres contraires aux premieres, descouure assez leurs pipees : chose
plus amplement esclarcie par les responses
faites sur les Articles des Estats de Languedoc,
& quatre Arrests du Parlement de Tholose,
ia imprimez.

Quand au 24. article, il dit qu'ils sont en armes, nó point de leur voló té, mais pour y auoir
esté poussez, nous le croyons aucunement:
que non pas d'vne volonté reiglee & conduite par raison, mais par vne cupidité enragee
de se venger, & d'asseurer eux & leurs richesses vsurpees, ils ont esté poussez & contraints
à prendre les armes: lesquelles ils ont prési fort
H.j.

habilement couloxrer & couurir , pour fe dire defenfeurs, & nous aggreffeurs , en faifant
leurs pratiques & coniuratiös. Mais au moins
s'ils eftoient fi fines gens, ne deuoient-ils pas
amener ne retenir les Suiffes fous cefte occafion expreffe & à eux declaree, pour combatre
& domter ceux de noftre Religion , ny armer
le peuple de Paris côtre l'aduis des principaux
d'entre eux. Eft-ce l'expres commandement
du Roy, côme vous alleguez , pour luy maintenir fon fceptre, quand vous & voz Ambaffa-
deurs Efpagnols & Papiftes , commandez au
Roy, & reuoquez les chofes par luy accordees, fuiuât l'aduis & confeil de plufieurs Princes du fang, & autres Seigneurs notables? Vray
eft que nous acceptós voftre confeffion, en ce
que dites auoir prins les armes , pour affeurer
voz biens & vies, pour deftourner & rabbatre
les efforts de voz ennemis inteftins, & mal do
meftiques: mais n'y mettez parmy là perfonne
du Roy, ny voftre bonté & fidelité, fi vous ne
voulez eftre contredits, arguez & conuaincuz
de menfonge & calomnie.

Quant au 25. & fubfequens, il fait fem-
blant d'eftre bien content de fes actions & 
menees, difant qu'elles ont fuccedé iufques icy
bien heureufement: qui luy fait efperer vne
bonne & femblable iffue. Sur quoy nous ne

ſauons ny ne voulons rié dire, ſinon que nous
luy ſouhaitons de meſme, c'eſt aſſauoir, pa-
reille iſſue de ſon entrepriſe, au ſuccez que luy
& les ſiés ont eu iuſques à preſét. Il a peu voir,
voit & verra, comme la Nobleſſe luy eſt affe-
ctionnee, ſes voiſins preſts & deliberez de le
ſuiure, & comment Dieu eſt & ſera protecteur
des Princes, & vengeur des iniures, ſurpriſes
& ſeductions à eux faites. S'il vſe de fauſſetez,
menſonges & vanteries, penſant par là tenir
le monde en haleine & eſperance, ce ſont ſes
ruſés ordinaires : deſquelles, ſans parler plus
auant, n'a-il abuſé le Roy & la Royne en ceſte
guerre, luy donnant touſiours à entendre, que
les noſtres n'auroient aucun ſecours des Princes & Seigneurs d'Allemagne, & qu'il y auoit
bien pourueu ? Auſſi a il bien pourueu à faire
venir le ſecours des Princes voiſins & Eſtran-
gers, leur perſuadant que ceſte guerre, & la cõ-
ſequence d'icelle, les touchoit de pres : & que
leurs ſuiets par ceſte contagion pourroient
faire ſemblables rebellions contre eux, ſils
ſouffroient noz entrepriſes demeurer impu-
nies, alleguant autres belles raiſons, dédui-
tes au 31. de ſes Articles, & le dict des Anciens,
que le nom & ſceptre Royal eſtoit Sainct &
inuiolable, lequel il a bien fait cognoiſtre, que
il n'entendit onques. Car qui eſt celuy de tous

les hommes viuans, qui a plus deshonoré le
nom du Roy, que luy, s'efforçant de le faire ty-
ran? Qui est celuy qui a plus essayé à le surpré-
dre en son enfance & ieunesse, plus tasché de
contaminer sa dignité? qui luy a plus suscité de
troubles & angoisses? Ie laisse à parler du feu
Roy, lequel luy & son frere ont manié, comme Dieu & le monde sauent. Mais à fin qu'il
apprenne quelque chose icy, ie luy dy que ve-
ritablemét le nom & sceptre Royal est Sainct
& inuiolable : parce que lon ne peut attenter
ou remuer, tant soit peu, le sceptre & la Maiesté du Roy, que tous ses suiets ne s'en sentent
remuez & alterez. Car le Roy demeurát veritablement Roy, est estably pour le bien vni-
uersellement de tout son peuple, qui luy est
suiet, comme le Roy aussi est suiet au bien &
à la defense de sondit peuple. Et ne faut pas
faire si petite, ou estimer legere ceste Saincteté & inuiolabilité du Roy, qu'aucuns estimét,
la limitant seulement par le respect & commodité d'vne personne, mais par la Maiesté de
la personne publique, c'est à dire, contenant
en soy le bien de son peuple, laquelle personne le Roy soustient, contient & represente.
Qui est vn poinct que lon doit souuent faire
sonner aux oreilles des Roys, pour maintenir
leur grandeur & dignité : & qu'en ce faisant,

c'eſt aſſauoir, eſcoutant benignement ſes ſuiets en leurs requeſtes & remonſtrances, & les
inuitant à ce faire, tant ſ'en faut que ce ſoit câ-
ptiuer ſa grandeur, comme ceſt Aduertiſſeur
parle, qu'il n'y a rien qui plus eſtabliſſe la dignité de ſa grandeur, & ſeureté de ſon Eſtat,
que ceſt exercice de ſon office & deuoir.

Sur le 34. & ſubſequens, il ne ſe peut tenir, que ſous la perſonne des diſcoureurs, il ne
deſcoûure ſes motifs & raiſons, qui le meuuét
à diſſuader ceſte paix, fondees ſur le nom de
la Paix & d'Ennemis, ſur la Iuſtice des Roys,
qui ne doit ſouffrir l'impunité des malfaiteurs.
Sur ce qu'il maintient que ceſte rebellion eſt
comme vn chancre, qui ne ſe peut guerir que
par glaiue, alleguant l'exemple des Romains,
& de noſtre Roy ſainct Loys, il ſe tourne en
toutes ſortes, voire iuſqu'à ſe mettre en pour-
point, pour contrefaire le chirurgien : & puis
ſe vient fonder ſur le poinct d'honneur. Toutes leſquelles obiections, combien qu'elles
ſoient aſſez ſoluës par les raiſons precedentes,
ce neantmoins à fin qu'elles ne laiſſent en l'eſ-
prit des hommes aucun ombre ou couleur de
verité, nous en parlerons briefuement, non
comme rebelles, ainſi qu'il nous appelle, mais
comme treſhumbles & treſobeiſſans ſuiets de
noſtre Roy, qui n'auons iamais eu autre inten-

H.iij.

tion, que d'exterminer ſes ennemis, pour le
faire regner heureuſement, ſelon les loix &
obſeruãces anciennes de ce Royaume, & luy
monſtrer le chemin d'y paruenir de bonne
heure, auparauant que les ſeductions de tels
deprauateurs ne le precipitent és dangers en-
couruz par tous Princes, qui ſe ſont departiz
de l'amour de leur peuple, pour complaire aux
appetis deſordõnez de quelques vns, qui n'ont
que ceſte ſeule ſaiſon de bié faire leurs beſon-
gnes: c'eſt aſſauoir, quãd le Prince par infir-
mité d'aage, ou autrement, ne peut faire iugement & election du bon & fidele cõſeil, & re-
buter le contraire. Mais ſon peuple, qui ne de-
ſire autre auãtage ou bien-faict de ſon Prince,
ſinõ qu'il ſoit Roy iuſte, riche & floriſſant,
retenant ſon peuple vny en ſon amitié & o-
beiſſance, ne peut iamais alterer ou corrom-
pre ceſte louable façõ de regner, ſil ne ſe vouloit deſtruire ſoy meſme: choſe totalement cõtre nature. En quoy l'imprudence & beſtiſe de
ceux qui deprauent les Princes, pour en faire
leur profit, & fonder leurs maiſons, eſt toute
euidente & manifeſte. Car ils introduiſent telles couſtumes ſi tyranniques en vn Eſtat, que
les richeſſes par eux acquiſes, pour les eſtablir
& enraciner en leurs enfans & ſucceſſeurs,
leur ſont aiſeemét arrachees par ceux qui ſuc-

cedent aprés eux en leurs credits & auctoritez, suiuant les mesmes pas & coustumes in-
troduites par les premiers deprauateurs, qui
ont tauerné toutes loix & Edicts du Roy,
alterans les bons & anciens, pour en substituer
d'autres à leur plaisir : Tellement que les enfans de tels deprauateurs, par vne briefue
iouissance de tels biens, aussi aiseement appo-
uriz, comme ils auoient esté enrichiz, boiuent
l'amertume des fautes de leurs peres & predecesseurs, au lieu d'vne asseuree & lógue iouissance de leurs biens, que leursdits predecesseurs leur pouuoient laisser, ce pendant qu'ils
estoiér en credit, s'ils eussent cóseillé leur Prince de faire iustice stable & constáte, sans mettre en auát les moyés des hónestes & iniques,
d'enuahir le bien d'autruy, pour l'approprier
à soy, & en somme faire le pont à la tyrannie.
Quant au nom de la Paix, qu'ils disent abhorrer & fuir comme la peste, c'est chose
que nous auons assez cognue de leur grace : &
recognoissons en cela leur equité de confesser
verité. Mais ils se repentent incontinent, &
comme ils sont gens pleins de toute bonté,
aussi ne la veulét-ils que bonne. Ie suis d'aduis
qu'ils demeurent en ces termes. Car s'ils vien-
nent à esplucher le particulier par le menu,
quelle est la bonne paix, i'ay grand doute que

nous ne nous trouuiõs pas d'accord . Car auec
ce mot de bonne paix, ils voudront interpre-
ter, & dire, que la bonne paix est celle, qui est
bonne pour eux, qui les entretient en toutes
leurs aises, preeminences & auctoritez. Bien
de par Dieu, combien que telle exposition de
bonne paix soit aucunement dure & offensiue
des oreilles pitoyables, comme parlent leurs
censures, toutefois nous la leur pourrions accorder, s'ils ne passoient plus outre . Que de-
mandent-ils donques? Ils disent qu'ils ont mal
à la teste, qu'ils ne peuuent endurer la veuë du
iour, que lon leur oste ceste lumiere de verité,
que nous facions comme eux. Commét? Veulent ils que nous soyons malades comme eux?
Ouy: sinon, ils disent qu'ils ne sauroient estre à
leur aise, ne guerir . Voila vne maladie mer-
ueilleuse, de ne pouuoir guerir sans faire les
autres malades . Ie ne sache medecins en ce
païs, qui les puisse sauuer . Si l'Anticyre, fer-
tile d'Ellebore, n'estoit entre les mains du
Turc, il n'y auroit point de mal qu'ils y allas-
sent : car l'oracle de sainct Mathurin est es-
uanouy.

Ils alleguent que lon n'a point accoustumé
d'vsurper ce nom de paix, sinó entre les Princes voisins & egaux . Voila vn fort argument
tiré de l'vsurpation d'vne coustume. Ie demande qui

de qui sont ces coustumiers, ou si ce sont gens
de grand sens, entendement & raison, ou bien
si ce sont ceux qui n'ont gueres de raison, ou
point du tout. Si ce sont des premiers, gens
de raison, ils ont quelque raison pour fonder
ceste leur coustume. Ie saurois volótiers quelle est ceste raison. Si ie confesse ne la cognoistre, nostre Aduertisseur se mocquera de mon
ignorance. ce que ie prédray en patiéce, pourueu qu'il plaise à son excellence de me l'enfei-
gner. S'il veut alleguer l'vsurpation pour raison, cela n'est pas hors de son naturel: car
plus grand vsurpateur ne sauroit lon trouuer
en ce monde. Mais ie luy maintiendray bien
aussi, que le nom de paix est en vsage, pour tou
te tranquillité, qui appaise les mouuemens des
humeurs intempereement esmeuz en toute
sorte de corps, soit politique ou naturel: & s'e-
stend encore iusques à la tranquillité & repos
de l'esprit, que Dieu beneit sur toutes les autres, comme la principale paix, que nostre
Sauueur Iesus Christ donna pour vn bien sin-
gulier à ses bien-aimez Apostres & disciples:
de laquelle cest ennemy de paix ne fut onques
participant, & n'en eut iamais cognoissance.
Car sil l'eust cognuë, il l'eust aussi aimee, &
partant desiree, comme le vray exemplaire &
patron de paix, qui engendre & nourrit l'au-

I.j.

tre forte de paix, que les hommes doiuent a-
uoir enfemble, que les Princes ne doiuét def-
daigner d'accorder & ottroyer à leurs fuiets,
voire quand ils auroient totalement forfait.
Car le Prince qui refufe telle paix, fe fait plus
de tort & de mal, que à nul autre. Et quiconque voudra bien confiderer le deuoir & office
du Prince, il trouuera qu'il ne peut auoir iufte
occafion de faire guerre à fon peuple, qui eft
fon vray païs, contre lequel il n'appartient à
perfonne d'vfer d'aucune force, comme eftant
le pere ou mere cómune de tous hommes, &
qui les entretient en cefte vie fociale & ciuile.
Et comme l'ont dit les fages Anciens, tout hó-
me doit toute chofe à fon païs, pourchaffer
fon bien, porter patiemmét fes fautes, & mef-
mement fes ingratitudes. Car le païs contient
en foy tous les degrez de charité, lequel nous
vnit, fans lequel lon ne fauroit faire aucun office de iuftice ou humanité, ne vers pere &
mere, ne vers enfans ou autres. Partát la douceur du Prince en ceft endroit, tant f'en faut
qu'elle foit pernicieufe, comme dit ceftuy-cy,
qu'au contraire la rigueur & aigreur eft trefpe-
rilleufe:& n'eft cefte douceur reputee vne pu-
fillanime lafcheté ny defaillance de cœur. Car
lafcheté ne peut eftre, finon quand on delaiffe
vne action bonne & vertueufe, pour crainte

de danger: Mais ſe departir de ceſte guerre, eſt choſe treſſaincte, bonne, vtile à tous, & de tous deſiree, ſinon de quelque peu de gens menez & ſeduits par ceſtuy-cy.

35 Quant au nom d'Ennemis, duquel il nous deſcharge, nous luy ſerions grandement redeuables de telle courtoiſie, pourueu qu'il ne no⁹ appellaſt rebelles & ſeditieux. Mais voyez ſa conſequence. Pource, dit-il, qu'ils ne ſont dignes de ce beau nom d'Ennemis, ils ne doiuét auſſi eſtre honorez de ce beau mot de Paix. Comment & en quel eſtat donc voulez vous qu'ils demeurent? Ie veux (dira-il) qu'ils ſoient touſiours en ſedition & rebellion. Voila vne eſtrange condition: & eſt à croire que le peuple de Sicile, Naples & Ieruſalem ne voudroit vous auoir pour Roys, craignant voſtre naturel. Quand ſelon voſtre fantaſie vous iugeriez voz ſuiets rebelles & ſeditieux, ils ne pourroient iamais eſperer paix auec vous. Et qui voudra diligemment recercher les hiſtoires de ces nations, lon trouuera que les frequentes mutations d'Eſtat, & dechaſſemens de voz pretenduz anceſtres, ſont aduenuz par telles voyes, quand le Prince irrité contre ſon peuple, luy a oſté tout eſpoir de paix & reconciliation.

36 Puis il dit, que la bonté & clemence eſt

toufiours grandement recommandable aux
Princes, mefmes à ceux qui font en bas aage.
Ce mot de Mefmes eft fort à propos, pour
faire vne bonne cheuille : cóme fi ceux qui ne
font en bas aage, n'euffent fi grand befoin d'e-
ftre recommandez de bóté & clemence. Mais
ie luy demande, fi bonté & clemence font fans
difcretion & iugement des chofes & perfonnes, qui meritent fentir la bonté & clemence
du Roy, & de ceux qui meritent le traitement
contraire. S'ils font auecques difcretion & iugement, telles vertus font plus requifes en vn
Prince d'aage meure, que en la perfonne de
celuy qui eft en bas aage : lequel n'ayant encore iugement fuffifant pour faire telle diftin-
ction, eft fuffifamment recommandé, fi par
bon confeil & inftruction il fachemine & ap-
prend la voye de bonté & clemence, & autres
vertus femblables, requifes & neceffaires à
faire vn bon Roy. Il dit que le Roy auant que
venir au remede des armes, a effayé par tous
moyens de flechir la contumace de fes rebelles. Nous difons encore à cefte fois, comme
nous maintiendrons toufiours, que nous n'a-
uons rien à defmefler par armes auecques noftre Roy: lequel quand il nous auroit fait toutes les rigueurs, comme il n'a iamais fait, & ne
le pourroit auoir fait en tel aage qu'il eft, fi eft

ce toutefois que nous voulons demeurer ſes fideles & obeiſſans ſuiets, & non d'autre Prince, ou de perſonne qui vouſiſt, abuſant du nom de noſtre Roy, nous impoſer le ioug de ſeruitude. Mais ſ'il euſt eſté conſeillé d'eſſayer tous moyens auant que mettre ſes forces aux champs, comme dit ceſtuy-cy, il euſt eſté induit à faire ouuerture de iuſtice contre ce perturbateur de paix, comme par les treſhumbles requeſtes des Seigneurs il auoit eſté requis: & ce faiſant, la licence & impunité n'euſt ſi longuement nourry l'audace de ceſtuy-cy, qui appelle les autres malfaiteurs.

37    Il parle pertinemment en termes de Medecin, quand il dit que la rebellion eſt le vray chancre d'vn Eſtat, que les medecins diſent eſtre incurable, & qu'il ſuffit de le traiter doucement, ſans penſer le guerir par ſections ou cauteres. Mais nous laiſſerons icy ceſte comparaiſon mal paree & baſtie. Il allegue l'exemple des ſeditiõs Romaines, & guerres ciuiles, diſant que la ſouffrance, tolerance & conniuence a eſté la ſeule cauſe de la perte & deſolation de ceſte Republique. ce que nous luy accordons. Mais venons à la particuliere propoſition de ſon argument, aſſauoir, qui eſt celuy, duquel la tolerance (i'entens paſſiue) a eſté cauſe de ceſte deſolation. N'eſt-ce point de

I. iij.

ceux d'entre les Romains, que lon a trop fouf-
fert s'efleuer en richeffes & puiffances extraordinaires, c'eft à dire, contre les loix anciennes de la Republique, comme Sylla, Marius, &
Iules Cefar? Aufquels ia à Dieu ne plaife que ie
vueille vous côparer: car il y auoit en eux & du
verd, & du fec, du bon & du mauuais. Mais en
vous, qui eft-ce qui remarquera vn feul traiĉt
de vertu, non plus qu'en Catilina? & fi toutefois encore n'eftes vous fi grans guerriers.
Penfez vous que lon ait oublié, de quels & cô-
bien petits commencemens, & par quels &
combien honorables moyens vous auez fur-
monté tous les Seigneurs de ce Royaume en
richeffes, auĉtoritez & puiffances extraordinaires, par lefquelles vous eftes renduz fi puif-
fans, que toutes loix vous ont efté auffi faciles
à tranfgreffer, que toiles d'araignes? Pour repa-
ration defquelles tranfgreffions, nous auons
efté forcez de prendre les armes contre vous
& les voftres: à fin que foyez traitez felon voz
merites, & ceux qui feront cy apres, vous ayét
pour exemple memorable d'vne iffue malheureufe, qui vous eft deftinee: & partant qu'ils fe
comportent plus fagement en leurs affaires,
de peur que cerchans la felicité de Sylla, ils ne
rencontrent la maupiteufe & violente mort
de Iules Cefar, ou d'autres plus recens tyrans.

Ceſt Aduertiſſeur a tant fait par ces troubles, qu'il a retardé le cours de la iuſtice contre luy, & ſi fait la guerre ſans porter harnois, ne ſe mettre au rang des combatans : derriere leſquels il ſe tient de bien loin caché, penſant que par l'vn & l'autre moyen il euitera la punition de ſes forfaits. Car pendant la guerre, il ſait bien que iuſtice n'a point de lieu ne vigueur,& fait la guerre, en ſorte que les ſiens ſeduits par luy, cōbatent pour ſa ſeureté : Tellement que ce n'eſt de merueille, ſ'il va par tout cornant la guerre, & deteſtāt la paix,employāt à ceſte fin tout ce qu'il a de ſens, entendement,& autres moyens. Toutes leſquelles diligences le ferōt cognoiſtre en fin,& par tout le mōde, tel qu'il eſt, c'eſt aſſauoir, ennemy iuré & commun de tout le peuple de France : puis que luy ſeul & ſes adherans ſ'oſent oppoſer à vn ſi grand bié, ſi vniuerſellement deſiré par toutes ſortes de gens, & la pluſpart de ceux qu'il auoit auparauant ſeduits : combien qu'il ſe ſoit touſiours voulu targer du nom du Roy, & ſe dire protecteur de ſa dignité , comme fait celuy, qui ſe cognoiſſant trop foible pour ſon ennemy, prend l'enfant de ſondit enneïny, pour ſe parer à l'encontre de luy,bien eſtant aſſeuré, que tandis qu'il le mettra au deuant, ſon ennemy n'oſera ruer ſur luy.

Quant à l'exemple des troubles aduenuz du
téps du Roy sainct Loys, c'est bié autre chose,
quant à l'occasiõ & execution. Car ils n'estoiét
meuz pour cause séblable à ceste- cy, c'est assauoir, pour l'establissemét & cõseruatiõ de Religiõ, ains pour l'ambition d'aucũs Seigneurs,
cõbatans ensemble pour le Gouuernement du
Royaume. Mais maintenant l'ambition est e-
uidente de la part de noz ennemis, lesquels e-
stans Estrangers, n'ayans par les loix que voir
au Gouuernement, non plus que le moindre
Gentilhomme du païs, sont marriz d'estre de-
chassez, ou bien empeschez en l'entiere administration par eux iadis vsurpee, & cruellemét
exercee. Ce que lon ne peut dire de la part de
Monseigneur le Prince de Cõdé, qui a plustost
quitté la place, qu'il deuoit tenir de droict &
raison, que pour son esgard faire aucun mou-
uement en ce Royaume. Mais la principale
cause, qui l'a poussé à ce faire, a esté la defense
de la liberté de noz consciences, pour le faict
de la Religiõ. Vray est que ceste premiere cause a produit plusieurs autres causes de querel-
les:mais toutes sont issues de la cause & defense de la Religion, qui est, & a tousiours esté le
premier & le plus euident motif de tous ces
troubles. Contre laquelle Religion quicõque
s'est voulu opiniastrement opposer, il a tousiours

iours cognu le contraire de ce qu'il en atten-
doit, c'eſt aſſauoir, qu'elle a pris vigueur & force par la reſiſtance de ſes ennemis. Et par ce
que ceſt Aduertiſſeur vſe d'vne ſimilitude du
chirurgien, qui n'eſpargne le membre pourry,
comme il dit cy apres, ains le coupe hardimēt
pour ſauuer le corps & la vie de ſon patient: &
que lon doit proceder ainſi à l'encontre de
nous, qui ne ſommes ny vn membre ſeul du
total, ny des moindres de ce païs, contre leſquels le retranchement n'eſt ſi facile à exécu-
ter, que ceſtuy-cy penſe: la comparaiſon eſt
mal comparable, & hors de propos. Car le
chirurgien tient ſon malade lié, & en peut rail-
ler & couper ce que bon luy ſemble, ſans qu'il
ſe mette en danger: mais en la guerre, où chacun a les armes en main, chacun auſſi maintiēt
qu'il eſt le chirurgien, & que ſon ennemy eſt
le membre pourry. Et pour monſtrer que les
Huguenots ne ſont le membre pourry, que
lon puiſſe retrancher ſans peril de celuy qui ſy
voudroit iouër, il faudroit premierement les
bien lier & attacher: qui n'eſt pas en la puiſ-
ſance des Preſtres, auſquels ils eſperent bien
faire ſentir, ſi le plaiſir de Dieu ſy accorde,
que leurs bras ſont aſſez roides & vigoureux,
pour rōpre, nō pas ſeulemēt les cornes de leur
Antechriſt, mais encore la teſte, & celles de
tous ſes ſectateurs. Et ces victorieux, qui ſont
K.j.

demeurez en grand nombre fur le champ du
Lendict, & ceux auffi de la iournee de Dreux,
ou bien ceux qui rapporterent les coups mor-
tels de l'vne & l'autre bataille dans Paris, ont
fuffifamment fenty que lefdits Huguenots ne
eftoient membres pourriz. C'eft l'Apologue
difant, que les rats trauaillez mortellement
par vn chat, feirent Chapitre general, pour
fauoir quel moyen ils tiendroient, à fin d'eui-
ter les furprifes & aguets du chat. Ils furent
d'aduis, fuyuant l'opinion & propofition du
plus fage d'entr'eux, qu'il falloit attacher vne
fonnette au col du chat, pour eftre toufiours
aduertiz de fa venue. Mais ils fe trouuerent en
grâde perplexité fur l'execution, qui feroit celuy qui attacheroit cefte fonnette. Ils en font
demeurez là iufques à prefent. Par ainfi ce feul
poinct, qui eft l'impoffibilité, eft fuffifant pour
arrefter & diffiper toutes les raifons de ceft
Aduertiffeur: car lon ne prend iamais deliberations fur chofes impoffibles, au moins entre
gens non infenfez.
Sur le 38. auquel il fe fonde fur le poinct
d'hôneur, deduifant fa raifon fur vne couftume
affez eftrange & vulgaire, que quelques gens
de guerre retiennent, & de laquelle plufieurs
gens de bien defirent la reformation genera-
le, comme elle a efté receuë & approuuee par
plufieurs grans & vertueux Seigneurs, & Gen-

tilſ hommes, bien cognoiſſans, que le deſmenty ou il ſe donne à tort, ou à droict. Si à tort, il n'a aucun pouuoir de toucher ou gaſter l'hôneur de celuy qui le reçoit : car l'honneur d'vn homme vertueux ne depend pas d'vne parole mal-dite par autruy : & ſi elle porte deſ honneur, c'eſt à celuy qui le prononce, comme choſe procedant de ſon faict & de ſa maledicence. Car les fautes, vices, & legeretez d'autruy, ne peuuent alterer l'honneur d'autre, que de celuy qui les commet, & ſe doiuent amender & chaſtier par iuſtice. Si le deſmenty eſt donné à bonne raiſon, y a-il rien plus raiſonnable, que de le verifier & punir par la voye de iuſtice? Car de commettre telle verification au hazard des armes, c'eſt choſe totalement eſtrange, & contraire à la raiſon & ſocieté ciuile, non ſeulement repugnante à la Religion Chreſtienne : qui deuroit eſtre ſuffiſante choſe pour empeſcher telles voyes. Car en tels côbats lon ſait aſſez, meſmes par aucûs de ceux de noſtre temps, que ſouuentefois la victoire eſt demeuree au plus adroict és armes par luy choiſies, & la bonté de la querelle a eſté opprimee & vaincue auec ſon combatant. Voila pour reſpondre generalement contre le fondement que ceſtuy-cy prend. Auquel ie demanderois volontiers, pourquoy ne vient-il expoſer ſa vie ſur tant de deſmentiz, reproches

& diffamations qu'il reçoit ordinairement, &
qu'il ne peut ignorer. S'il est Prince, il trouuera qui le combatra en ceste qualité, voire
grandement surpassant sa pretendue Principauté. S'il est simple Gentilhomme de Hay-
naut, comme il estoit aux precedens troubles, ou Gentilhomme reuenant depuis quelques ans de Poloigne, & seiournant à Hilde-
berg, comme à present, il n'aura faute de Gentilshommes Haynuiers, François, ne autres,
qui luy soustiédrôt, qu'il est la méterie mesme,
& monstre composé de toutes sortes de vices.
I'entens assez qu'il se dira n'estre de la profession des armes, comme estant par ses bulles,
mébre honorable de l'Eglise Romaine. Mais
ces membres honorables veulent retrancher
les membres pourriz, & faire mettre en armes
tout le monde pour leur plaisir & appetit des-
ordonné de dominer, prenans toutes les aises
& cômoditez pour eux, faisans croire aux autres, qu'ils sont bien-heureux de mourir pour
leur grandeur & tyrannie: qui sont les fruicts
de la fausse Religion, longuement inueteree,
& viuemét enracinee és cœurs du simple peuple. Puis voulant faire la deduction de son argument du moindre au plus grand, il dit qu'il
n'y a point de proportion de simple Gentilhô-
me à vn Roy, & encore moins d'vne parole
contumelieuse, à tant d'affrons, frayeurs, torts,

dommages & iniures, que sa Maiesté a receu
de ses rebelles . Pour à quoy respondre, doit
suffire ce qui a esté touché cy deuant, que tout
l'effort de ceste guerre n'est dressé sinon contre luy & ses complices, qui sont les vrayes cau
ses de ceste guerre, qui l'ont tousiours couuée
depuis les premiers troubles, & allumée en
ces derniers iours, en amenant les forces des
Estrangers en ce Royaume, armant le peuple
Papiste de Paris, faisant coniuration de mort
contre les principaux Seigneurs, & bastissans
Edicts tendans à l'entiere subuersion de nous
& de nostre Religion, par le moyen du Pape
& du Roy d'Espagne, comme il a esté assez
conuaincu par lettres escrites, tant de leur part
que de celle qui possede le Roy. Ausquelles
pratiques & menees il faut donner la coulpe
de tous les maux, que la necessité malheureuse
de ceste guerre a apporté tant d'vn costé que
d'autre. Car si nous eussions dilayé de prendre
les armes, ils eussent executé contre nous ce
qu'ils auroient machiné, deuant que le mois de
Octobre dernier eust esté passé. Si l'heur du
Roy estoit de prendre en ceste part bon conseil, & de prester ses forces & auctorité à l'ambition des Prestres, ou bien de nous asseurer
d'impetrer iustice à l'encontre d'eux, il verroit
en peu de temps tout clairemét, qui sont ceux
à qui les nostres se veulent attaquer : & ne de-

uroit aucunement douter, qu'il ne fuſt de nous recognu & obey comme Roy, ains ſ'en tenir tout aſſeuré, par l'iſſue des troubles precedens: leſquels finiz & terminez par la mort d'vn ſeul homme, le Roy fit de nous ce que bon luy ſembla, en nous donnant la loy, comme il e-ſtoit raiſonnable, & qui a eſté par nous inuio-lablement obſeruee, & par noz ennemis touſ-iours empeſchee.

Quant au 40. Article, il ne ſ'aduiſe pas, que la force de la verité l'a amené en vne contra-diction euidente de ce qu'il veut ſouſtenir, qui eſt la diſſuaſion de la paix : & icy il dit, que la neceſſité commáde à tous bons ſuiets du Roy, de ſe tenir vniz & vnanimes. Ie luy demande, où peut eſtre ceſte vnion, ſi ceſte guerre dure, comme il pretéd la faire durer ? Où ſera la ſeu-reté de la Couronne du Roy? où ſera la patrie, & le repos public ? Ne voyons nous deſia le nombre effrené des nations Eſtrangeres, in-troduites en ce Royaume, le rongeans inceſ-ſamment iuſques aux entrailles ? Peut lon di-re, que durant celle guerre il y ait aucun bien ne repos public? Le Roy n'y peut ſentir aucune ſeureté de ſa Couronne, delaquelle les Princes de ſon ſang, auec les Nobles & naturels Fran-çois, ſont vrais & affectionnez defenſeurs, nõ pas les legions de Preſtraille coniurees con-tre noſtre Roy & nous, ſous fáux donner à en-

tendre, & manteaux mafquez de leurs fauffes
Religions. Il eft en la main du Roy d'auoir la
paix en fon Royaume, auec entiere obeiffance de tous fes fuiets, & laiffer faire la guerre à
ceft ennemy de paix, aux defpens de luy & des
fiens. A quoy f'il plaifoit au Roy fe refoudre,
il verroit, à fon grand repos, & feureté de fon
Eftat, que ceftuy-cy feroit contraint de tenir
autre langage, & demander la paix en defpit
de luy, fi tant eftoit qu'il la peuft obtenir : car
auecques luy il n'y en peut auoir.

Quãt au 41. Article, nous difons que le fruict
de cefte paix eft tout affeuré. Car par icelle les
mefprifans & conténás la Maiefté du Roy, fe-
rõt cõfus & puniz, fa perfonne affeuree à l'en-
cõtre d'eux : les Preftres & Moines calomnia-
teurs feront conuaincuz de la rebellion qu'ils
nous obiectent:leur impudence effrontee fera
rabaiffee, leurs mauuaifes intétions arreftees,
refpit & loifir au Roy de fortir hors de fes affaires, & f'acquitter par la fuppreffion des abus
faits és collations des benefices,en fupprimãt
& empefchant toutes nouuelles prouifions
des benefices vacans, & alienant les terres
& reuenuz d'iceux benefices, pour f'acquitter.
S'il fait quelque confcience de fuiure le confeil & aduertiffement trefutile & expedient, à
luy ia dõné, de védre tant des terres de l'Eglife que befoin luy fuft pour fortir de fes deb-

tes : aumoins cestuy-cy est le party le plº doux
pour les beneficiers de present : car ils auront
ce qu'ils demandent, principalement pour leur
interest, iouissans de leurs biens leur vie durãt.
qui est le principal poinct qu'ils desirét, & duquel s'ils pouuoiét estre asseurez, ils ne se sou-
cieroient gueres d'autre chose . Tout autre interest, que lon pourroit pretendre, seroit de la
part des collateurs ordinaires, ou du Pape, lesquels empeschez par ce moyen de védre leurs
prouisions , ou les donner en recompense de
seruices, bien souuent des honnestes, pourroiét
intimider le Roy , & remplir de superstition,
alleguás les fables de leurs Anciens, & la cre-
dulité des gens de ce temps là, comme si Dieu
faisoit miracles pour nourrir leurs abus par
trop manifestes . C'est l'vn des principaux
fruicts que la paix apporteroit au Roy & à son
peuple, pour le regard des choses externes:
c'est assauoir, le moyen de payer ses creanciers,
& rachepter son dommaine, sans greuance aucune autre, que de ceux que i'ay touché: qui ne
est aucunement considerable , pour le grand
bien qu'elle apporteroit . Et si n'y a meilleur
expedient de faire cesser les menées des Prestres, & les esmotions de guerre, que leur ron-
gner les ongles de bié pres , & leur monstrer,
que lon veut commencer par le plus aisé & le
plus doux , à fin qu'ils cognoissent, s'ils perse-
uerent

uerent de faire les enragez, que l'on les peut
mettre en blancs draps, sans esperance de se
reuestir, si ce n'est de leur patrimoine, ou par
le labeur de leurs mains. De quoy ils ont veu
l'experience par deux fois, qui les menace de
pis, s'ils ne viuent paisiblement.

Qui est pour respódre au 42. Article, auquel
ils nous reprochent la falsification de foy, &
promesses donnees. Qu'ils en dient vne, sans
alleguer generalité, qui contient confusion,
comme nous entre les autres leur pouuós veritablement mettre en auant les promesses
par eux faites en presence du Roy estant à
Moulins, d'acquiescer au iugemét & arrest
dudit Seigneur, seant en son Conseil, interue-
nu sur l'innocence de Monseigneur l'Admiral,
à tort chargé de la mort du feu Duc de Guise.
Combien de fois ont-ils voulu depuis surpré-
dre les deux Seigneurs, Admiral & d'Andelot,
outre la coniuration derniere faite en la maison de Marchais, le Roy estant dernierement
au païs de Picardie? Laquelle coniuration des-
couuerte, iustifie assez la prise des armes des
Seigneurs de nostre part: ausquels l'on ne peut
rien obiicer, sinon qu'ils deuoiét vn peu attendre l'execution, sans se preparer à la defense,
puis qu'ils auoient souffert & passé par tolera-
ce plusieurs retranchemés de ce qui leur auoit
esté accordé par l'Edict de Pacification.
L.j.

Sur le 44. Article, nous disons que iamais
nous n'aurons aucunes armes, ne toüillees ny
defroüillees, pour en vser autrement que bons
& fideles suiets du Roy: mais aussi n'en aurons
nous faute pour nous munir & defendre contre luy & ses complices, quand bien il trouue-
roit encore moyen par sa tyrannie de nous faire desarmer pour la seconde fois: esperans que
le Dieu des armees & armes, nous en fourni-
roit tousiours, qui ne dóne point ses biés, sans
donner pareillement moyens pour les conseruer, ou bien ceux que cest Aduertisseur de-
dit, & desquels il nous aduertit par cest Article, ou bien d'autres meilleurs qu'il ne peut
comprendre: mais ces bons Reformez, dont
il parle, les luy apprendront, quand il leur donnera occasion de se faire couper la gorge, &
par ce moyen de deliurer le Roy des frayeurs,
qu'il luy donne par le 45. Article.

Sur le 47. nous confessons auecques luy,
que l'heureuse issue de la guerre depend de la
bonté & iustice de la cause. Mais que la iustice
& bonté soit de son costé, cela est tout nostre
different: duquel ils ne peuuent prendre reso-
lution à leur contentemét, & auantage, tel que
no⁹, qui sōmes asseurez és Escritures & promesses diuines, sur lesquelles il n'est possible
de fonder deux veritez ne deux iustices, contraires l'vne à l'autre.

Au 48. nous respondons, si trouble aduint
en Espagne sur le commencement de Charles
le quint, l'issue en a esté telle, que raisonna-
blement elle deuoit estre. Mais il n'estoit lors
question de la Religiõ, & si n'y auoit point de
Lorrains vsurpateurs du Roy & du Royaume.
Quant à la Royne Marie d'Angleterre, ce luy
fut vne felicité malheureuse à tout son pais:
car elle engendra troubles sur troubles: tellement que la Royne qui luy succeda, & qui est
à present, destruisit entieremét ce qu'elle auoit
basty. ce qu'elle n'eust eu pouuoir de faire, si
les actions de sa sœur eussent esté selon Dieu:
& eust esté trop meilleur à tout le païs d'Angleterre, que la Royne Marie n'eust renuersé
l'establissement de feux ses frere & pere. Quãt
au païs de Flandres, qui est celuy qui ne sache
son affliction? qui est l'homme de bien, qui
n'en soit tresmal content? qui est l'homme fidele, qui n'espere sa deliurance estre prochaine, & dependre apres Dieu de l'issue heureuse que Dieu nous promet de ces tempestes ciuiles, suscitees pour la Religiõ, qui a tousiours
eschappé les efforts de ses ennemis, ayant sen-
ty en Allemaigne les forces contraires d'vn
Empereur Charles cinquieme? Mais de quel
Empereur? Tel & si grand, que depuis Char-
lemagne il n'y auoit eu son pareil: Ceste mesme Religion a passé & surmonté les squadrõs

des Suisses. Elle regne auiourd'huy en toute Angleterre, auec l'heureuse & paisible obeissance de sa Royne. Elle commande en Escoce, auec le piteux & tragique euenement de celle qui en estoit Royne : & le tout pour auoir esté trop addonnée à la part & au coseil de son oncle : laquelle toutefois Dieu vueille par sa misericorde bien consoler, & fortifier en toute patience, & recognoissance de son deuoir.

Quant au 49. que dirons nous autre chose, sinon qu'il est heureux, s'il est tellement transporté de son esprit, que de penser les precedés troubles par luy suscitez, auoir succedé selon son souhait, & pouuoir faire croire à ceux, qui estoient en la bataille de Dreux, qu'ils ayent eu la victoire, en laquelle les principaux chefs des leurs y demeurerent, l'vn pris, l'autre tu & le troisieme fut bien auisé de ne soy hazarder au combat, pour suruiure encore deux ou trois mois apres, & venir rendre ses derniers abbois deuant la ville qu'il haïssoit plus que nulle autre ? En laquelle bataille de Dreux, il ne fait grand cas, que huict cens, ou mille vaillans Gentilshommes de la part de son frere ayent esté occis : & voudroit que le nombre en eust esté encore plus grand. Quant à la desfaite de Poncenas, il me donne enuie de reciter l'histoire brieuement, & de la vengeance qui s'en est ensuiuie. C'est que quelque

cõpagnie de ſes gens de pied, arreſtée ſur le
pillage,ſ'eſtoit deſbandée de la troupe, qui fut
ſurpriſe & traitée, comme à la verité elle me-
ritoit. Mais cela ne demeura long temps im-
puni. Car par la vertu du Barõ de Bourniquet,
capitaine Mauuans, & autres bons & vaillans
capitaines & ſoldats , les ennemis n'en eurent
pas longue ioye. Leſquels penſans auoir auſſi
bon marché de la compagnie totale, comme
ils auoient eu de ceſte parcelle, auoient attitré
de toutes parts les paſſans, & iceux mis en em
buſche ſur les aduenuës des paſſages , auec in-
ſtructions, qu'ils ne feiſſent faute de mettre en
pieces ceux qui ſ'enfuiroient: & leur dirent d'a-
uantage, qu'ils pourroient faire ſemblant d'e-
ſtre Papiſtes, prieroient la vierge Marie & les
Sainčts : Mais n'en croyez rien , & ne les eſ-
pargnez. Ces vaillãs Cheualiers pleins de vaine
confiance, & les noſtres apres auoir inuoqué
l'aide de Dieu, vindrent à ſe rencõtrer. La meſ-
lee & cõbat ne dura gueres. Les ennemis eſtõ-
nez & batuz , ſe meirent incontinent en route, & tomberent entre les mains de leurs paſſans : leſquels feirent contre eux , tout ainſi
qu'ils euſſent fait contre les noſtres , nonob-
ſtant leurs crieries & remonſtrances qu'ils é-
ſtoient Papiſtes : tellement qu'ils furent batuz
& tuez de tous coſtez , & tomberent és foſſes
& pieges qu'ils penſoiẽt auoir tendu cõtre les

L.iij.

noſtres. Et depuis paſſant par la ville d'Orleás,
pour aller trouuer l'armee de Monſeigneur le
Prince, i'en veis les drapeaux & enſeignes, iuſques à ſept ou huit, attachees aux feneſtres e-
ſtans ſur la grande place de ladite ville, & pluſieurs beaux & bons cheuaux, dont les noſtres
feſtoient bien accommodez & remontez.
Quant à la victoire, qu'il dit que Dieu a donnee au Roy pres ſainct Denis, nous ſommes
contens de le croire. Car les noſtres ne ſe ſont
iamais aduouez d'autre Seigneur que du Roy.
Et ſi Dieu a donné la victoire à l'armee, qui a
mené battant ſes ennemis iuſques aux portes
de Paris, & occis leur chef, nous voulons rapporter le fruict de ceſte victoire au Roy, & nó
à autre. En laquelle bataille l'aſſiſtance & faueur diuine vers les noſtres, eſt grandément
memorable & admirable: car il eſt certain, cóme noz ennemis eſtoient ſix contre vn, auſſi
en mourut il ſix fois pl⁹ que des noſtres. Pour
confirmation de ceſte victoire, lon ſe preſen-
ta le lendemain au combat en meſme lieu : auquel nul des ennemis ne s'oſa iamais preſen-
ter. Ayant donques eſté l'iſſue telle de ceſte
bataille, & toute autre notoirement, que ceſt
Aduertiſſeur n'a rapporté, qui eſt celuy qui luy
pourra donner foy és choſes moins cognuës?
Au 51. il oſe dire en blaſphemant, que quand
Dieu ne feroit que garder les gages, il faudroit

esperer l'issue selon les forces . A quoy nous attacherons nous sur ce propos ? Laquelle est la plus grande & desbordee,ou la vanité qui se promet l'issue selon les forces,dõt tout le contraire est aduenu souuétefois,& aduiét tous les iours, mesmement en ceste iournee derniere de sainct Denis, & autres particulieres rencõtres, esquelles le plus grand nõbre a tousiours esté vaincu par le plus petit ? Que dirons nous sur le blaspheme,apprins en l'eschole d'Epicure,qui fait Dieu oisif,spectateur de noz actiõs, sans y vouloir aucunement pouruoir, de peur qu'il ne trouble son repos heureux?

Quant aux 52.53.54. il y a esté assez respõdu cy deuant.   Et quát au dernier, nous n'auons que contredire, & sommes d'accord auecques luy:par ce que demeurát és termes d'vne saincte proposition vniuerselle, il ne particularise point, comme il a fait ineptement, impudemment & faussement és precedens Articles.

F I N.